BEHINDERUNG:
Wer behindert wen?

Michail Krausnick

BEHINDERUNG:
Wer behindert wen?

HORLEMANN

EDITION MENSCHENRECHTE
Herausgegeben von Marion Schweizer
www.edition-menschenrechte.de

Der Informationsteil dieses Buches entstand
in Zusammenarbeit mit
Handicap International Deutschland
1. Auflage 2009
© 2009 Horlemann
Alle Rechte vorbehalten
Buchgestaltung: Agentur Marina Siegemund
Umschlag: Verlag
Bitte fordern Sie unser aktuelles
Gesamtverzeichnis an.
Horlemann Verlag
Postfach 1307
53583 Bad Honnef
Telefax 02224/5429
E-Mail: info@horlemann-verlag.de
www.horlemann.info
Gedruckt in der EU
ISBN 978-3-89502-288-3

VORWORT

Noch immer haben viele Menschen Probleme im Umgang mit dem Thema Behinderung und vor allem mit Menschen mit Behinderungen selbst. Unkenntnis und Berührungsangst, Gleichgültigkeit und Vorurteile bestimmen das Verhalten. Die meisten Menschen spenden lieber ein paar Euro oder Mitleid, als sich mit der Situation von Menschen mit Behinderungen wirklich zu befassen.

Der Begriff *Mitleid* (im Gegensatz zum Mit-Leiden) ist zu Recht in Misskredit geraten. Die meisten Menschen mit einer Behinderung sehen im Mitleid eine Haltung, die den Bemitleideten eingrenzt auf sein Defizit, seine Krankheit, sein Unvermögen. Mitleid tötet, hat ein Dichter gesagt. Es nimmt dem anderen sein Selbstbewusstsein, seine Stärke, sein Glück, seine Schönheit, seine Kraft. Nagelt ihn fest auf sein »Leid«. Wer schon mal einen Schnupfen hatte, kennt das: Man braucht keine Mitleidsfloskeln, will von Gesunden nicht ständig auf eine verstopfte oder laufende Nase reduziert und bemitleidet werden. Das nervt. Ein Taschentuch oder ein Spray wäre besser.

Zugegeben, viele Menschen mit Behinderung haben mehr Schmerz, Leid und Verlust als andere Menschen erfahren. Das gilt vor allem für diejenigen, die durch Unfall oder Erkrankung aus einem gewohnten besseren Zustand herausgerissen wurden. Doch sehr viele haben erstaunliche Kräfte entfaltet, neuen Lebensmut gefasst und trotz oder sogar wegen ihres Handicaps eine Lebensklugheit und menschliche Haltung entwickelt, die mehr als »normal« ist. Sie brauchen kein Mitleid. Und wollen es auch nicht.

Eher schon könnte man Lehrkräfte und Betreuende bemitleiden, die sich oft bis an die Grenze ihrer Belastbarkeit für ihre Mitmenschen mit Behinderungen einsetzen, Eltern, die ihre gesamte Lebensplanung dem Wohl des Kindes unterordnen, Geschwister, die zurückstehen, um den Bruder oder die Schwester ein bisschen glücklicher zu machen. Aber sie selbst tun es ja auch nicht aus Mitleid, sondern aus Liebe, humaner Überzeugung und sozialer Verantwortung. Wir müssen sie also nicht bemitleiden, sondern sollten sie bewundern, ihre Leistungen anerkennen, uns mit ihnen über ihre Erfolge freuen.

Statt Mitleid wäre es besser, konkret mit ihnen zu leiden, wenn etwas schief läuft, sich gemeinsam mit ihnen zu ärgern, wenn sie benachteiligt und behindert werden, vor allem aber dafür zu kämpfen, dass die Behinderung von Menschen mit Beeinträchtigungen, die Ausbeutung und Benachteiligung der Familien und Helfer ein Ende nimmt und unsere Gesellschaft menschlicher und solidarischer wird.

Mitleid ist out. Sobald wir Menschen mit Behinderungen wirklich kennenlernen, löst sich dieser unnütze Reflex sowieso in Luft auf, normalisiert sich der Umgang, lernen wir sie mögen oder nicht mögen. Wie andere auch.

Menschen, die trotz Behinderung mitten im Leben stehen, bewundere ich. Manchmal kann ich mich auch ärgern, zum Beispiel über einen kleinwüchsigen Redakteur, der einige meiner besten Texte abgelehnt hat. Andere beneide ich sogar – um das, was sie mir voraushaben: einen blinden Kulturreferenten etwa um seinen politischen Durchblick, sein Organisationstalent und seine Fähigkeit, aufmerksam zuzuhören. Von einem contergangeschädigten Pfarrer ohne Arm würde ich mir gern »eine Scheibe abschneiden«, weil er sehr überzeugend redet und witzig formuliert. Und einen meiner Kollegen bewundere ich, weil er so fantasievoll erzählen kann und schon mit manchem Literaturpreis ausgezeichnet wurde. Als Legastheniker wurde er aus dem »normalen« Schulbetrieb ausgesondert und kam wegen seiner Rechtschreibschwäche trotz überragender Intelligenz nicht über die »Hilfsschule« hinaus.

Immer wieder treffe ich auf Lesereisen Schülerinnen und Schüler, die als »behindert« gelten: junge Menschen mit Lernbehinderung, geistiger Behinderung, Sehbehinderung, Hörbehinderung und körperlicher Behinderung. Glanzvoll widerlegen sie das gängige Vorurteil, das sie als »Leidende« ins gesellschaftliche Abseits stellt. Behinderung bedeutet nicht automatisch Hoffnungslosigkeit, Resignation, Verbitterung, Schwäche – im Gegenteil: Viele Sonder- bzw. Förderschüler und -schülerinnen, die ich kennengelernt habe, zeigen mehr Kraft, Optimismus, Freundlichkeit und Lebensmut als manche am Gymnasium, die sich von einer Lustlosigkeit in die nächste Depri-Phase schleppen.

Ein paar Beispiele: Schüler und Schülerinnen mit und ohne Behinderung begeisterten mich in einem Theaterstück über psychische Gewalt, das sie gemeinsam erarbeitet hatten. Nicht minder beeindruckt war ich als Gast bei Schülern mit Hörbehinderung, denen der Lehrer meine Gedichte mit mimischem und pantomimischem Geschick fingerfertig in die Gebärdensprache übersetzte. In einer Sehbehindertenschule zeigte mir ein blindes Mädchen, wie sie eine E-Mail auf der Blindenschrifttastatur des Computers abtastet, einen Text auf den Scanner legt und sich von der künstlichen Stimme vorlesen lässt. An einer »Sonderschule« hatten Kinder mit Lernbehinderungen eine meiner Kurzgeschichten weitergeschrieben und mit Comic-Zeichnungen illustriert. In der Integrationsklasse einer Gesamtschule bewunderte ich die Geduld der Schülerinnen und Schüler, die es gelernt hatten, ruhig abzuwarten, bis ihr Mitschüler mit Sprechbehinderung langsam und zunächst unverständlich seine Frage formuliert hatte. Aber ich erschrak auch, als ein Junge plötzlich im Unterricht einen epileptischen Anfall bekam und von den anderen erst mal auf die Couch gelegt und beruhigt wurde. Währenddessen zeigte mir ein Mädchen mit Lernbehinderung einen Brief, den sie an ihren Freund geschrieben hatte. Zwei Wochen zuvor war er an einem Gehirntumor gestorben. Sein Foto hing neben der Tafel und alle in der Klasse hatten ihm einen persönlichen Abschiedsbrief geschrieben.

Vor allem eines lässt sich bei solchen Begegnungen erfahren: Menschen, die so viel Kraft haben, brauchen kein Mitleid. Sie haben Anspruch auf Teilhabe und Integration.

TEIL 1

Ausgerechnet Mirko

Eine Geschichte aus Deutschland

Lena kennt die Gestalten. Einige haben kurz geschorene Haare, Lederjacken und Springerstiefel. Manchmal stehen sie in der Fußgängerzone am Brunnen. Mit Bierflaschen in der Hand.

Meistens machen Lena und ihre Freundinnen einen großen Bogen oder wechseln die Straßenseite. Weil Lars, ihr Klassenkamerad, schon einmal ihre Bekanntschaft gemacht hat. Der Anführer hatte sich ihm in den Weg gestellt, eine Rempelei provoziert und eine Entschuldigung verlangt. Als Lars sich weigerte, umstellten sie ihn. Einer zog ein Messer. Und als Lars sich losreißen wollte: »*Was denn, willste Kloppe? Fass mich bloß nicht an, schwule Sau!*«

Als Lena drei von denen am Kanal im Gras liegen sieht, fasst sie die Griffe des Buggys fester und beschleunigt ihren Schritt.

Mirko, ihr kleiner Bruder, freut sich über das neue Tempo, lacht und brummt vor sich hin. Wie ein kleiner Rennfahrer. »*Schneller!*«

»Ein kleines Brüderchen ...«

Für Lena war es ein Schock. Die Mutter versuchte es ihr schonend beizubringen.

Eigentlich hatte sie ja mehr an einen Hund gedacht. Um die Familie komplett zu machen.

Hund oder Katze?

Vor ein paar Wochen erst hatten sie abgestimmt. Zwei zu eins. Im Herbst wollte ihr Vater einen Berner Sennhund besorgen. Direkt aus der Schweiz.

Aber ein Kind? Einen Bruder? Sollte etwa ... ein Wunder geschehen sein?

Lena kräuselte die Stirn. »Aaahja ... Und wann ist es so weit?« Sie hoffte auf die übliche neunmonatige Schonfrist.

»Sofort. Ich bin sicher, du magst ihn.«

Lena erstarrte. Doch nicht etwa ... »Mirko?«

Ihre Mutter nickte. Und lächelte dabei.

Wenig später knallte die Tür.

Lena rannte in ihr Zimmer, warf sich auf ihr Bett und weinte. Mirko, ausgerechnet Mirko!

Ravioli mit Tomatensauce war sein Lieblingsgericht. Mama hatte ihn wieder mal aus der Kinderbetreuung mit nach Hause gebracht. Mirko schleppte die Dose herbei, hüpfte und lachte. Dann spielte er mit seinem Schaufelbagger auf den Küchenfliesen, während ihre Mutter das Essen zubereitete.

Ein Sommertag. Endlich konnte man wieder draußen auf der Terrasse essen. Sie saßen auf den weißen Plastikmöbeln. Mirko hatte eine Badehose an und nur ein Lätzchen um den Hals. Und das war auch gut so. Während die Mutter den Salat austeilte, schnappte sich Mirko Vaters Gabel, mampfte, manschte, ditschte und spritzte vergnügt mit der Soße herum. Schnell hatte er eine rote Schnute, war der Tisch mit roten Flecken übersät. Es schien ihm Spaß zu machen, die Welt einzufärben. Mirko war stolz auf das Vollbrachte. Sein Vergnügen steigerte sich mit jedem Kopfschütteln von Lenas Vater. Zum Lachkoller, in den auch die Mutter einfiel.

»Jetzt aber Schluss!«, sagte der Vater streng.

»Jetzt – aber – Schluss!«, wiederholte Mirko bedächtig. Doch dann schlug er mit seiner Gabel urplötzlich auf die Ravioli, dass es nur so spritzte. Und strahlte vor Freude.

Die Mutter prustete und hielt sich die Hand vor den Mund. »Das hast du in seinem Alter auch gemacht, genau so!« Sie lächelte, als sie Lenas fragenden Blick sah. »Genau so. Aber mit Spinat!« Dabei machte sie Mirko nach. »Brrrrrr!«

»Brrrrr!«, wiederholte Mirko und sprühte begeistert Funken von Tomatensoße über den Tisch. »BRRRRRRR!«

Ausgerechnet Mirko. Natürlich mochte Lena den Kleinen, irgendwie schon. Sie hatte gespielt und gelacht mit ihm. Als Gast war er gern gesehen. Aber als Bruder? Das ging ja wohl doch ein bisschen zu weit. Klar, früher hatte sie schon mal gefragt, warum sie keine Geschwister hatte. Aber das war lange her. Lena hatte sich daran gewöhnt, dass ihre Familie nur eine Dreierbande war. Inzwischen wusste sie, dass ihre Mutter auf natürlichem Weg kein Kind mehr bekommen konnte. Und dass sie eine künstliche Befruchtung ablehnte. Also hatte sich Lena damit abgefunden, die Erstgeborene, Letztgeborene zugleich und obendrein auch noch das Lieblingskind zu sein.

Und jetzt plötzlich ein Adoptivbruder? Verrückt. Die spinnen doch. Warum? Und warum ausgerechnet Mirko?

Ihre Mutter klopfte an die Tür, drückte die Klinke, merkte, dass Lena abgeschlossen hatte.

»Bitte, mach auf!«

Lena reagierte nicht, machte die Musik lauter und wendete das tränennasse Kissen. Sie fürchtete, dass sie ihrer Mutter nicht sagen konnte, was ihr auf der Seele brannte, nicht aussprechen, was ihr an Mirko weniger gefiel, ohne heiligste Gefühle zu verletzen. Ihre Mutter war ja sowieso so ein Edel-hilfreich-gut-Mensch erster Klasse. Und hatte sich total verknallt in den kleinen Burschen.

Eine Woche lang war Mirko bei ihnen zu Besuch gewesen. Jetzt, im Nachhinein, empfand Lena das als Hinterlist. Mama hatte den Kleinen einfach aus dem Heim mitgebracht. Und sie, Lena, hatte ahnungslos mitgespielt. Ohne zu merken, dass es ein Test war.

»*Halt! Rassenkontrolle!*«

Zu dritt versperren sie ihr den Weg. Den Langen mit der Bomberjacke und den Springerstiefeln hat Lena schon mal am Brunnen gesehen. Auch der Kurzgeschorene kommt ihr bekannt vor. Der Glatzkopf mit der Sonnenbrille ist anscheinend neu dabei.

»*Ey, langsam, lass mal sehn ... Ist das der Bekloppte?*«

Lena spürt, wie es ihr heiß und kalt den Rücken hinunterläuft. Sie versucht, zur Seite auszuweichen. Doch der Lange legt ihr den Arm auf die Schulter und hält sie fest.

»*Halt! Stopp!, hab ich gesagt.*«

Nicht, nein!, will sie schreien, doch sie bringt keinen Ton hervor. Ihre Kehle ist wie ausgetrocknet.

»*Keine Bange, will doch nur mal sehn, was euch der Klapperstorch gebracht hat.*« *Der Glatzkopf geht neben dem Buggy in die Knie und nimmt seine Sonnenbrille ab.* »*Igitt! Wie sieht der denn aus?*«

Beim Abendbrot saßen sie alle erst mal ziemlich still am Tisch. Lena sah, dass ihre Mutter rot geweinte Augen hatte.

»Na, ihr seid ja zwei Heulsusen!«, sagte ihr Vater. »Kommt, vertragt euch wieder. Bitte! Ich kann das nicht sehn!«

»Dann kann ich ja gehn!«, sagte Lena und wollte vom Tisch aufstehen.

»Hiergeblieben!« Ihr Vater hielt sie zurück und strich ihr über das Haar. »Gegen deinen Willen geschieht sowieso nichts. Wir vergessen das Thema. So etwas muss einstimmig entschieden werden. Morgen bestelle ich den Hund.«

Für Lena war das fast ein Punktsieg. Sie spürte, dass Paps voll auf ihrer Seite war. Doch richtig freuen konnte sie sich nicht. Sie schielte zu ihrer Mutter hinüber und sah, wie sie den Kopf abwandte.

Unausgeschlafen saß Lena am nächsten Morgen im Englischunterricht bei Frau Stolzinger. Sie hatte sich die ganze Nacht über hin und her gewälzt und keinen Schlaf gefunden. Mal sah sie den kreuzfidelen Mirko mit dem Tomatensoßenmund vor sich, mal die traurigen Augen ihrer Mutter.

»Hast du denn überhaupt nicht gemerkt, wie

lieb er dich hat?«, hatte sie Lena mit leichtem Jammerton gefragt. »Wie er sich freut, wenn er dich sieht?«

Als Antwort hatte Lena nur missmutig den Kopf geschüttelt. Und überlegte jetzt, ob das eine Lüge war? War sie vielleicht eifersüchtig?

Als sie aufgerufen wurde und den nächsten Absatz vorlesen sollte, wusste sie nicht, welcher es war, und musste eine Seite vorblättern. Beim Lesen flimmerte es ihr vor den Augen, begannen die Buchstaben zu tanzen, wurde ihr Kopf glühend heiß.

»Ich kann nicht...«, stammelte sie.

»Nicht vorbereitet, schade!«, sagte Frau Stolzinger und machte einen Vermerk in ihrem Notizbuch.

»Ganz normal!« *Normal* war plötzlich Mutters Lieblingswort geworden. »Ganz normal«, sagte sie, wenn Mirko wie ein Brüllaffe schrie, weinte oder die Zeitung zerriss. »Genau wie du, damals«, wenn er jubelte und mit seinem Töpfchen herumlief, um allen zu zeigen, was er produzieren konnte. »Wie jedes Kind. Ganz normal!« Und Paps bestätigte das auch noch. Verdammt noch mal, warum wollten sie nicht wahrhaben, dass Mirko anders war. Ganz anders. Wusste doch jeder. Dass er ein grinsendes, schielendes

Schlitzauge war und deshalb eine Spezialbrille trug, dass sein Mund offen stand, dass er dreimal die Woche zur Gymnastik musste, dass er hinter anderen Kindern seines Alters weit zurück war. Ihr Bruder?

Nein, niemals. Kam nicht in Frage. Nicht der.

Auch in Mathe war Lena nicht bei der Sache. Sie verstand immer nur Bahnhof. Verwechselte sogar ein gleichschenkliges Dreieck mit einem gleichseitigen. Und rechtwinklig mit spitzwinklig.

»Denk nach, Lena, lass dir ruhig Zeit mit deiner Antwort.« Dr. Merchtaler lächelte, wickelte sorgsam ein Eukalyptusbonbon aus dem Papier und schob es sich in den Mund.

Wie bedeppert stand sie an der Tafel, zuckte die Achseln, obwohl es ihr aus allen Ecken vorsagend entgegenzischte: »Spitz, spitz, spitz, spitz, spitz!« Doch Lena blieb stumm, bis Dr. Merchtaler abwinkte und sagte: »Nun Lena, apropos spitz – eine Spitzenleistung war das heute ja auch wieder nicht.«

In der Bank ließ sie den Kopf zwischen den Armen auf der Tischplatte versinken. So als schäme sie sich.

Natürlich, die richtige Antwort wäre gewesen: Ja, ja, ja – ich weiß, dass Mirko mich mag. Das gefällt mir, es macht mich froh. Wenn er jetzt bei mir wäre, würde er wahrscheinlich auf meinen Rücken klettern, sich ganz fest an mich drücken und sagen, Mathe ist bös, oder so ...

Als Lena ihrer Mutter beim Mittagessen ihren geänderten Entschluss mitteilte, fing die gleich wieder zu weinen an. Diesmal vor Freude.
»Du bist ein tolles Mädchen, wirklich.«
Lange hielten sie sich im Arm. Lena hörte ihr Herz schlagen. Und genoss es, dass ihre Mutter so wunderbar weich war. Wie früher.
»Denkt aber bloß nicht, dass ich euch den Babysitter mache!«
Damit war aus der Dreier- eine Viererbande geworden. Der Vater tapezierte und verwandelte das Gästezimmer in ein Kinderzimmer. Beim Möbelaufbauen summte er vergnügt vor sich hin. Sogar wenn die Teile nicht zueinander passten oder eine Schraube vor dem Akkubohrer davonsprang, schimpfte er nicht wie sonst. Verwundert schaute Lena ihm zu. Und immer wieder strich er ihr über das Haar. Als hätte sie ihn glücklich gemacht.
Nun mussten sie es nur noch der Verwandtschaft verklickern. Zunächst einmal waren das die Fami-

lienmitglieder, die in der Nähe wohnten: Oma, Tante Gertie und Onkel Wolfgang.

»Mein Gott, natürlich ... ist Mirko etwas ... Besonderes«, redete ihr Vater gegen die versteinerten Gesichter an. »Wie jeder von uns!«

»Ja schon, meinetwegen – aber was ihr euch damit aufladet!«, murrte Onkel Wolfgang. »Und dann auch noch freiwillig. Aber gut, Rita, du weißt ja am besten von uns allen, was das heißt: mongoloid!«

»Unsinn!«, sagte die Mutter ärgerlich. »Mongoloid heißt das schon lange nicht mehr ... heute nennen wir das Downsyndrom.«

»Ach ja? Und warum?«

»Ganz einfach. Weil wir unser Kind nicht beschimpfen lassen. Und ihr das sicher auch nicht wollt.« Mutter erklärte es so lange, bis Onkel Wolfgang klein beigab.

Mirko hatte ausgeschlafen. Er sah noch bettwarm aus, mit roten Wangen, und rieb sich die Augen. Als er den Familienrat erblickte, drückte er sich ängstlich an Lenas Mutter, steckte den Daumen in den Mund und riskierte nur hin und wieder einen Blick über ihre Schulter.

»Das mit dem Daumen solltest du ihm abgewöhnen«, meinte Tante Gertie. Sie rückte näher heran, lächelte Mirko zu und ließ ihre Finger über seinen Bauch trippeln.

Mirko gefiel das. Er kiekste, kicherte, lachte und plötzlich ging die Sonne auf in seinem Gesicht.

»Goldig! Siehst du, Wölfchen, wie ich gesagt habe: Wenn man sich erst mal dran gewöhnt hat, geht das schon. Niedlich sogar. Nur die dunkle Haut ... und der schwarze Wuschelkopf ... ist ja nicht grade unser ... Kulturkreis.«

»Ach, Gertie, da muss man doch tolerant sein heutzutage!«, meinte Oma. »Das Fremde sehe ich überhaupt nicht als Problem.«

»Richtig«, bestätigte Onkel Wolfgang. »So sieht man wenigstens gleich auf Anhieb, dass die Behinderung nicht aus unserer Familie stammt.«

» War wohl zu lang auf der Sonnenbank, der Kleine«, sagt der Glatzkopf und grinst.

»Nicht! Weg!« Mirkos Unterlippe bebt. Lena kennt das. Gleich wird er weinen.

»Aufhören!«, schreit sie. »Hört auf ... lasst ihn!«

»Darf ich mal?« Der Lange stößt Lena zur Seite, reißt ihr die Karre weg. »Gib doch zu, dass er dir auch nicht gefällt!« Abwechselnd schieben sich die drei die Karre zu. Hin und her. Und her und hin.

Die Mutter setzte Mirko auf den Boden. Und schon stolperte er in seine Spielecke.

»Geht er immer so schief?«, fragte Tante Gertie.

Mutter sagte, das Gehproblem habe mit dem Downsyndrom zu tun. Aber man könne viel machen heutzutage. Auch Mirkos langsames, oft unverständliches Sprechen würde sich bessern mit der Zeit.

Lenas Großmutter hatte derweil das Lexikon aus der Bücherwand gezogen, blätterte und las: »Das Downsyndrom ist eine meist zufallsbedingte Anomalie des Erbgutes, erkennbar an einer Abweichung von der normalen Chromosomenzahl. Das Chromosom 21 ist jeweils dreimal statt zweimal vorhanden.«

»Genau«, bestätigte Lenas Mutter. »Man nennt es auch Trisomie 21. Das Schlimmste war Mirkos Herzfehler, der hätte tödlich sein können, wurde aber bald nach der Geburt erfolgreich operiert. Und das andere schaffen wir auch.«

»Mit Geduld und Spucke. Wird schon werden. Mirko ist ja wirklich ein Schatz«, bestätigte die Großmutter.

»Ich verstehe die Frau nicht. Ihr Kleines einfach so im Stich zu lassen«, meinte Tante Gertie. »Nur wegen einer Behinderung. So eine Rabenmutter!«

Mara. Mutter hatte Lena zwei Fotos der zierlichen jungen Frau gezeigt.

Wie eine Rabenmutter sah sie wirklich nicht aus. Eher wie eine Zauberfee aus dem Morgenland. Oder wie eines der beiden kurdischen Mädchen aus der 7b. In einem überlangen Mantel stand Mara auf dem alten Kirchhof der St.-Petri-Kirche. Mit schwarz glühenden Augen und blitzenden Zähnen. Vermutlich lächelte sie ihre Mutter an, die fotografierte.

Auf dem zweiten Foto war eine völlig andere aus ihr geworden. Das Bild war ein paar Wochen später entstanden. Mara blickte wie abwesend. So als schaue sie durch die Fotografierende hindurch. Ihre dunklen Haare wirkten ungepflegt, eine Strähne hing von der Stirn quer über ihr Gesicht. Die leichte Wölbung ihres Mantels verriet, dass sie schwanger war.

Ein Foto von Mara und Mirko zusammen gab es nicht. Nur eins von Petar, Maras Bruder, der das Baby-Päckchen im Arm hielt und gequält lächelte.

Lena wusste, dass Mara damals noch keine vierzehn gewesen war, nur wenige Monate älter als sie heute.

Sie versuchte, sich in Mirkos Mutter hineinzuversetzen, doch es gelang ihr nicht. Nein, niemals hätte sie ihr Baby im Stich gelassen.

Lenas Leben hatte sich verändert. Wenn sie von der Schule nach Hause kam, stürmte ihr Mirko mit flatternden Haaren entgegen, jubelte: »Schwesterlena, Schwesterlena!«, klammerte sich an ihr Bein und wollte auf den Arm gehoben werden.

Manchmal war ihr die Umklammerung lästig, doch am Ende hob sie ihn jedes Mal wieder hoch. Dann drückte sich Mirko ganz fest an sie, als ob er sie den ganzen Vormittag vermisst hätte, manchmal wie ein Schiffbrüchiger an die rettende Bootsplanke, manchmal aber auch übermütig, wollte gleich wieder runter vom Arm, zerrte sie zum Kinderzimmer, wollte ihr zeigen, was er mit seinen Lego-Steinen gebaut hatte.

Vor dem Spiegel sahen sie aus wie Sommer und Winter, wie Gefriertruhe und Sonnenbank. Gern hätte Lena auch so eine schöne bronzefarbene Haut wie Mirko gehabt. Dann hätte sie vielleicht weniger Probleme mit Pickeln. Und wäre geschützt vor dem blöden Erröten.

»Aufhören, aufhören!« Lena rappelt sich auf, tritt um sich und versucht, den Buggy zu greifen. Durch die Tränen sieht sie alles nur noch verschwommen.

»Schluss mit dem Geflenne!« Der Lange mit der

Bomberjacke hält sie fest, dreht ihr den Arm um. »*Ist ja nicht deine Schuld, dass sich deine Mami von dreckigen Ausländern ficken lässt.*«

»*Dachschaden ... das kommt davon!*«, kommentiert der Kurzgeschorene grinsend und der Glatzkopf schimpft: »*Krüppelschrott brauchen wir nicht in Deutschland!*«

»*Am besten gleich in den Kanal mit dem Mongo!*«

Zusammen mit ihrem Bruder sei Mara auf einer Fähre aus Albanien geflohen. Über das Meer, nach Italien. Eine Massenflucht, von der damals auch die Tagesschau berichtet habe. Nach einer langen Tour per Anhalter und einem Fußmarsch über die Alpen hätten beide schließlich Deutschland erreicht und Kirchenasyl in der St.-Petri-Gemeinde erhalten. Doch habe es noch Monate gebraucht, bis sie als Bürgerkriegsflüchtlinge anerkannt wurden.

Bei der Ultraschalluntersuchung im Kreiskrankenhaus habe die Ärztin einen weißen Fleck auf dem Bildschirm entdeckt und den Verdacht geäußert, dass Maras Kind behindert sein könnte. Die Fruchtwasserkontrolle bestätigte das. Die Ärztin habe zur Abtreibung geraten. Mara und ihr Bruder seien einverstanden gewesen, doch habe das Jugendamt die Entscheidung hinausgezögert, bis es für den Eingriff zu spät war.

Seit Mirko zu ihnen gehörte, wirkte Lenas Mutter ausgeglichener als je zuvor. Bei der Hausarbeit summte und sang sie vor sich hin und ihr Vater kam neuerdings viel früher aus der Redaktion und spielte auch wieder regelmäßig Tischtennis mit Lena. Und inzwischen planten sie auch schon ihren ersten gemeinsamen Urlaub als »Viererbande«. An der Nordsee. Auf der Insel Amrum.

Nein. Lena brauchte nicht eifersüchtig zu sein auf die Zuneigung, die das neue Familienmitglied genoss. Im Gegenteil: Durch Mirko hatten sie alle etwas hinzugewonnen, an Aufgaben, aber auch an Lebensfreude. Selbst Großmutter blühte regelrecht wieder auf, vergaß Ischias und Seelenschmerz.

Mirko tat ihnen gut. Auch wenn er mal weinte, wütend oder mucksch war. Sie freuten sich über jeden seiner kleinen Erfolge, über neu gelernte Wörter, die Verbesserung der Aussprache und die Fortschritte beim Gehen. Sie merkten, dass man eine Menge machen kann. Ein Kinderspiel war es freilich nicht. Mal musste Mirko zum Augenarzt gebracht werden, mal zur Logopädin, mal zur Physiotherapie. Die Mutter halbierte ihre Arbeitszeit, Großmutter und Tante Gertie wechselten sich ab. Und auch Lena half, so gut sie konnte.

Als die Schwester den Säugling ins Bett legen wollte, habe Mara sich einfach abgewendet. Nicht weil Mirkos Mund ein wenig offen stand und er ein bisschen schielte, sondern aus einem anderen Grund.

Sie und ihre Tante seien in ihrem Heimatdorf von vier feindlichen Soldaten überfallen und vergewaltigt worden. Wer immer es gewesen sein mochte, sie habe den Vater gehasst, den Nullvater von dem Nullkind, wie sie sagte. Auch beim zweiten Versuch habe Mara ihr Kind nicht annehmen wollen. Es sei ihr aus dem Arm geglitten und zu Boden gefallen. Danach habe sie sich schuldig gefühlt und sei nicht mehr aus dem Bett aufgestanden. Habe sich nicht gewaschen und gekämmt. »Ich will so hässlich werden, dass mich keiner mehr anrührt!«, habe sie gesagt.

Zum Glück aber sei das Heimweh gekommen. Das habe sie wieder zum Leben erweckt. Wenn ihr Bruder von dem Dorf in den Bergen und von ihrer Familie sprach, hätten sich ihre Augen mit Tränen gefüllt. Jeder habe gespürt, dass sie wieder zurückwollte. Aber auch weg von dem Kind, das sie an die schlimmsten Minuten ihres Lebens erinnerte.

Eines Tages dann seien Mara und ihr Bruder aus der Stadt verschwunden gewesen.

Auf dem Spielplatz musste sich Lena eine Menge dummes Zeug von den Müttern und Rentnern anhören.

»Wenn sich das rumspricht, sinkt hier der Wohnwert ...«

»Wir zahlen die Zeche, bloß weil sich bestimmte Leute als Gutmenschen aufspielen wollen.«

»Im Grunde kann man so was heutzutage ja vermeiden. Die meisten treiben doch ab.«

»Ist ja auch besser für das Kind.«

»Und für dich, Kleines, ist das doch auch eine Zumutung!«

Gut, dass Lena ihren MP3-Player dabei hatte und sich in die Musik flüchten konnte. Doch nicht immer gelang das.

»Pass auf, Kleines, dass er nicht über die anderen Kinder herfällt!«

»Am besten gleich in den Kanal mit dem Mongo. Komm, wir helfen dir!« Mit eisernem Griff schiebt

der Lange Lena vor sich her. »Gib zu, dass du das auch willst!«

»Achtung!«, *ruft plötzlich der Kurzgeschorene, der die Karre schiebt.*

Zwei Rennradfahrer biegen auf den Deichweg ein.

»Hilfe!«, *schreit Lena.*

Die Radfahrer kommen näher.

Und plötzlich sind ihre Peiniger verschwunden. Wie vom Erdboden verschluckt.

»Hilfe!«

Die Rennradler rasen vorbei. Beachten sie überhaupt nicht.

»Halt! Hilfe!« *Lena nimmt den Buggy und läuft ihnen hinterher.*

Sommerfest. Lenas Mutter hatte die Down-Selbsthilfegruppe eingeladen. Unterm großen Kirschbaum war der Tisch gedeckt, bei Kaffee und Kuchen plauderten die Mütter. Und vergaßen fast ihre Probleme.

In der Sandkiste schaufelten die Kinder um die Wette. Manchmal gab es Streit. Um die Gießkanne, die Schaufel, das Sieb. Dann lief eine der Mütter hin, beruhigte, schlichtete.

Lena lag auf dem Balkon in der Hängematte,

blätterte in einer Modezeitschrift und sah hin und wieder auf den schmalen Reihenhausgarten hinab. Eigentlich alles ganz friedlich. Bis die dreizehn Monate alte Rebecca auf die Idee kam, mit Sand um sich zu werfen. Die meisten Kinder lachten und quietschten vor Vergnügen. Nur Magnus nicht. Er hatte was in die Augen bekommen, schrie wie am Spieß und rannte zu seiner Mutter. Rebecca verstand das nicht und machte große Kulleraugen.

Lena nahm die Knopfhörer aus den Ohren, stand auf, ging ans Balkongeländer und schaute hinunter. Magnus war rasch getröstet und verstummte allmählich. Mirko fuhr Dreirad und winkte zu ihr hoch.

In diesem Moment rasselten die Rollläden. Erst der eine, dann der andere. Mit Krach und Karacho.

»Zumutung!«, brüllte eine Stimme aus dem Nachbarhaus.

»Nicht normal!«, antwortete es aus dem Haus gegenüber. Das war der Oberforstmeister a.D. Seine Stimme hatte einen schneidenden Ton.

Wieder knallte ein Rollladen runter.

Eine Weile waren alle still. Wie erstarrt. Sogar die Kinder.

Lenas Mutter zuckte traurig die Achseln. Lena

merkte, dass es ihr peinlich war. Dann versuchte sie ein Lächeln.

»Ganz normal«, sagte sie leise. Und etwas lauter: »Wer will noch Kaffee?«

»Das gibt sich, da müssen wir durch«, sagte Lenas Vater am Abend. »Keine Bange. Das macht uns stark, das schweißt uns zusammen. Irgendwann werden sich auch unsere lieben Nachbarn daran gewöhnt haben, dass es normal ist, das zu sein, was man ist.«

An der Brücke stehen sie wieder vor ihr. Versperren breitbeinig die Unterführung. Der Lange legt seinen Arm auf ihre Schulter. »Na, Süße, hast ja noch immer den Schrott bei dir. Komm, wir begleiten dich.«

»Klarer Fall für die Müllkippe!« Der Kurzgeschorene schaukelt den Buggy hin und her.

»Aufhörn, weg, aufhörn, weg!«, schimpft Mirko und wimmert.

Verzweifelt schaut Lena sich um. Weit und breit keine Hilfe in Sicht. Nur in der Ferne ein paar Bauern bei der Heuernte. Lena nimmt allen Mut zusammen. Mit einem plötzlichen Ruck versucht sie sich loszureißen. Aber der Lange packt sie und dreht ihr erneut den Arm um. Vor Schmerz schreit sie auf.

»Lena, Lena!«, ruft Mirko.

»Lena?« Kreidebleich, mit weit aufgerissenen Augen starrt der Kurzgeschorene sie an.

Und jetzt erkennt sie ihn wieder. Sven. Der kleine blonde Sven aus der Grundschule. Den alle so süß fanden. Beim Sommerfest vor sieben oder acht Jahren hatten sie einmal einen Reigen miteinander getanzt. In der ersten oder zweiten Klasse. Volkstanz hatte die Lehrerin das genannt.

»Sven?« Lena wendet langsam den Kopf und schaut ihm in die entgeisterten Augen. Dann aber hat sie eine Idee, brüllt plötzlich seinen Nachnamen in die Tunnelröhre, brüllt aus Leibeskräften, brüllt, so laut sie kann: »Horstmann!!! Horstmann!!! Horstmann!!!« So laut, dass die Bauern ihre Arbeit unterbrechen und zu ihnen hinüberschauen.

»Scheiße!«, zischt der Lange und stößt Lena zu Boden. »Abmarsch!«

Lena rappelt sich auf, ihre Unterlippe blutet.

»Böse Männer, scheiße Männer!«, schimpft Mirko.

Lena nimmt ihn aus der Karre, hebt ihn auf den Arm.

So fest wie noch nie klammert sich Mirko an sie. Er zittert am ganzen Leib. Genau wie sie. Eine Weile zittern sie gemeinsam. Als sein Puls sich endlich ein *wenig beruhigt hat, beginnt er, ihr die Tränen aus dem Gesicht zu streicheln, und sagt langsam: »Lie-be Le-na, Schwes-ter-le-na.«*

Den Eltern erzählt Lena vorerst lieber nichts von dem Überfall. Ihre Mutter hat im Moment ohnehin andere Sorgen. Zum Beispiel: die passende Kleidung für den Empfang im Großen Rathaussaal. Anlässlich der Verleihung der silbernen Anstecknadel durch die Oberbürgermeisterin.

Eigentlich war es Lenas Mutter überhaupt nicht recht, dass die Adoption publik wurde. Aber irgendwer aus der Selbsthilfegruppe hatte geplaudert. Und nun war es heraus: dass sie mit dem Courage-Preis der Friedensstiftung ausgezeichnet werden sollte. Seitdem klingelten die Telefone, standen die Presseleute vor der Tür, wollten Stellungnahmen und Interviews. Plötzlich schien es eine Sensation zu sein. Zeitschriften und Zeitungen brachten mehrspaltige Reportagen mit Fotos und Schlagzeilen: Es ist normal, menschlich zu sein – Freiwillig Kind mit Down-Syndrom adoptiert – Ja zum Leben! – Wagnis Mensch! Keine Berührungsangst.

Wie gelähmt blättert Lena in den illustrierten Berichten, grübelt vor sich hin.
Soll sie zur Polizei gehen? Aber sie hat keine Zeugen. Diese Typen würden bestimmt alles abstreiten.
Kreuz und quer rasen die Gedanken durch den Kopf. Nie wieder will sie Mirko zur Therapie bringen. Nie wieder den Deichweg benutzen. Aber darf sie klein beigeben? Zum Glück fällt ihr Lars ein.

»Überhaupt kein Problem!« Lars hat aufmerksam zugehört. Am Ende meint er, es gebe eine optimale Lösung: ihn. Das nächste Mal werde er sie begleiten.
Den ganzen Abend telefoniert er und organisiert eine mobile Schutztruppe für Mirko und Lena. »Mehmet macht mit, unsere Rockband und die ›Schüler gegen Rechts‹. Einige können Karate und stehen auf Abruf per Handy bereit. Und notfalls gibt es ja auch noch die Polizei.«
Lars strahlt. Ein wenig stolz, aber auch vor Freude. Eigentlich wollte er das ja immer schon, ein wenig näher bei Lena sein.

»Überhaupt kein Problem!« Die Reihenhausnachbarin hielt ihr Jahreslos in die Fernsehkamera. »Ich spende schon seit über zehn Jahren für die Aktion –

ich meine, diese Kinder ... sind doch auch alles Menschen.«

»Richtig. In der Regel haben wir hier keine Probleme«, log nun auch Lenas Mutter und hob Mirko auf den Arm. »Außerdem macht er uns ja auch sehr viel Freude, unser kleiner Liebling. Und erstaunliche Fortschritte ...«

Mirko grinste verschmitzt und klopfte auf das Mikrofon der Fernsehreporterin. Lenas Mutter drehte ihn zur Seite, doch schon hatte er den gelben Schaumstoffschutz abgezogen und wollte ihn nicht mehr hergeben.

»Bittebitte!«, sagte die Reporterin.

»Nein!«, erwiderte Mirko.

»Schnitt!«, rief die Reporterin.

»Schitt!«, wiederholte Mirko und amüsierte sich königlich. »Schitt! Schitt, Schitt!«

Nach einer Weile konnte das Interview fortgesetzt werden. »Und wenn Sie einen Wunsch frei hätten?«, fragte die Reporterin.

»Dann ... dann wünsche ich mir, dass die Menschen etwas menschlicher werden, dass wir alle Behinderung als etwas Normales und nicht als Katastrophe betrachten!«

TEIL II

Fakten und Argumente

FAKTEN UND ARGUMENTE

»BEHINDERT« IST MAN NICHT – BEHINDERT WIRD MAN

Einen Menschen über seine Schwäche, sein Defizit, sein Handicap zu definieren, statt über seine Stärke, seine Vorzüge, seine besondere Qualität, ist immer eine Kränkung. Dennoch gehört es zu unserem Alltag. Schon im Kindergarten fängt es an. Der Nachdenkliche wird als »Spinner« oder »Träumer« abgestempelt, die Brillenträgerin als »Brillenschlange« verunglimpft. Die einen laufen als »Niete« in Mathe durchs Schulhaus, die anderen als »Krücke« in Sport, »Flasche« in Französisch oder »Null« in Physik. Manche leiden unter solchen Kränkungen ein Leben lang, andere nehmen sie hin, doch alle wissen: Es ist zutiefst unmenschlich. Menschen mit Behinderungen jedoch müssen es sich Tag für Tag gefallen lassen, auf ein Defizit reduziert, als »Behinderte« angesehen zu werden.

Wenn wir von »Behinderten« sprechen, grenzen wir aus und zeichnen das Bild von einer Menschengruppe, die außerhalb der Statistik überhaupt nicht existiert. »Die Behinderten« gibt es ebenso wenig wie »die Arbeitslosen«, »die Fremden« oder »die Obdachlosen«. Dahinter steckt lediglich eine Zahl. Jeder einzelne Mensch aber hat das Recht, in seiner Ganzheit und Einzigartigkeit gesehen, in seiner Stärke angesprochen und geachtet zu werden.

Unterschwellig transportiert die Etikettierung als »Behinderte« ein bedenkliches Sammelsurium an Einstellungen, Ängsten und Vorurteilen, die weit über ein neutrales Merkmal hinausgehen. Sie hat abschätzige und beleidigende Bedeutungen, mitleidige, mildtätige und überhebliche Akzente, medizinische und neugierige, ängstliche und bewundernde Sichtweisen. Nahezu immer dienen sie der Ausgrenzung.

Was ist Behinderung?

Wie problematisch und widersprüchlich die Definition von Behinderung auch heute noch ist, zeigen einige amtliche Eiertänze. Die norwegische Regierung beispielsweise attestierte noch vor wenigen Jahren den Menschen mit Behinderungen rein formal ein persönliches Defizit: »Behinderung ist die Diskrepanz zwischen den Fähigkeiten eines Individuums und den Funktionen, die ihm in der Gesellschaft abverlangt werden. Dies bezieht sich auf alle Gebiete, die wesentlich für die Selbstbestimmung und ein Leben in der Gemeinschaft sind.« Im »bayerischen Behindertenplan« wurde dagegen die Hilfsbedürftigkeit in den Vordergrund gestellt: »Behinderte sind Personen, die aufgrund körperlicher, geistiger oder seelischer Schäden in einem existenzwichtigen sozialen Beziehungsfeld, insbesondere in den Bereichen Erziehung, Schulbildung, Berufsbildung, Erwerbstätigkeit, Kommunikation, Wohnen und Freizeitgestaltung, durch wesentliche Funktionsausfälle nicht nur vorübergehend erheblich beeinträchtigt sind und deshalb besonderer Hilfe durch die Gesellschaft bedürfen.«

Inzwischen spricht man – entsprechend der UN-Konvention

aus dem Jahr 2006 (siehe S. 69) –, nicht mehr von *Behinderten*, sondern von *Menschen mit Behinderung*. Die Behinderung eines Menschen wird in der Konvention nicht als Zustand, sondern als Entwicklung beschrieben, die sich nachteilig auswirkt, wenn dieser Mensch auf Barrieren stößt, die ihn an der vollen, wirksamen und gleichberechtigten Teilnahme am gesellschaftlichen Leben hindern.

Zahlen

Menschen mit Behinderungen sind keine Randgruppe, sondern die größte Minderheit auf der Erde. In der Konvention von 2006 erklärt die Vollversammlung der Vereinten Nationen sie für besonders schutzwürdig, denn

- 80 Prozent aller Menschen mit Behinderungen leben in Entwicklungsländern.
- 98 Prozent der Kinder mit Behinderungen in Entwicklungsländern erhalten keinerlei Schulbildung.
- nach Erhebungen der Weltbank sind 20 Prozent der in Armut lebenden Menschen von einer Behinderung betroffen.
- nur 45 Länder verfügen über ein Behinderten- oder Antidiskriminierungsrecht.

In Deutschland leben im Jahr 2009 etwa sieben Millionen Menschen mit einer schweren Behinderung, d.h. mit einem Behinderungsgrad von über 50 Prozent. Das ist mehr als jeder zwölfte Einwohner des Landes.

Über die verschiedenen Ursachen von Behinderungen herrschen zumeist völlig verzerrte Vorstellungen. Die folgenden Zahlen sollen Klischees zurechtrücken:

- 85 Prozent aller Behinderungen sind durch Krankheit und/oder Alter bedingt.
- 3 Prozent der Behinderungen wurden durch einen Unfall oder eine Berufskrankheit verursacht.
- 3,2 Prozent der Behinderungen sind Kriegsfolgen.
- nur 4,7 Prozent der Behinderungen sind angeboren.

Zumeist wird die Zahl angeborener Behinderungen maßlos überschätzt. Damit wird zugleich die Tatsache verdrängt, dass es jeden urplötzlich treffen kann, denn 85 Prozent aller Behinderungen sind Folgen einer Krankheit oder Alterserscheinungen. Dagegen ist der Anteil von Kindern und Jugendlichen mit 2,5 Prozent relativ gering.

In der Statistik erscheinen allerdings nur die von den Versorgungsämtern erfassten Menschen mit Behinderungen. Es wird geschätzt, dass die tatsächliche Zahl höher liegt und in Deutschland etwa 10 Millionen Menschen mit Schwerbehinderung leben.

Was für Behinderungen gibt es?

Der Rollstuhl, weiß auf blauem Grund, steht im Alltagsleben als Symbol für Behinderung. Daran denken wir zuerst, wenn von Behinderung die Rede ist. Aber schon hier täuschen wir uns. Nur ein geringer Teil der Menschen mit Behinderungen ist auf diese Art der Fortbewegung angewiesen. Und selbst von denen, die im Rollstuhl sitzen, wissen wir damit ja eigentlich nur, dass sie ein Fortbewegungsmittel nutzen wie andere eine Krücke, eine Brille oder eine Zahnspange. Die meisten Behinderungen jedoch fallen nicht sofort ins Auge. Ärzte, Schul-, Arbeits-, Sozial-, Gesundheitsämter und andere Behörden unterscheiden: Körperbehinderungen, geistige Behinderungen, Lernbehinderungen, psychische Erkrankungen, Sinnesbehinderungen, Sprachbehinderungen und chronische Krankheiten. In Deutschland sind statistisch erfasst:

- die Beeinträchtigung der Funktion innerer Organe: 29,9 Prozent
- Funktionseinschränkungen der Wirbelsäule und des Rumpfes, Deformierung des Brustkorbs: 15,3 Prozent
- Funktionseinschränkungen von Gliedmaßen, Querschnittslähmung, zerebrale Störungen: 15,2 Prozent
- geistig-seelische Behinderungen, Suchterkrankungen: 14,7 Prozent
- Blindheit und Sehbehinderungen: 5,2 Prozent
- Sprach- und Sprechstörungen, Gehörlosigkeit, Schwerhörigkeit: 3,9 Prozent
- Kleinwuchs, Missbildungen: 2,6 Prozent
- Verlust oder teilweiser Verlust von Gliedmaßen: 1,6 Prozent
- Sonstige Behinderungen: 11,6 Prozent

Blindheit und Sehbehinderung haben jeweils verschiedene Ursachen. Blindheit bedeutet eine Sehfähigkeit von weniger als zwei Prozent. Wer auf dem besseren Auge trotz Brille eine Sehschärfe von weniger als zehn Prozent besitzt, hat eine Sehbehinderung. Von hochgradiger Sehbehinderung spricht man bei einer Sehschärfe unter fünf Prozent. Neben etwa 155 000 Blinden leben in Deutschland eine halbe Million Menschen mit hochgradiger Sehbehinderung. Für sie entwickelte der französische Blindenlehrer Louis Braille 1825 eine Blindenschrift, das sogenannte Braille-System. Es besteht aus sechs Punkten, die in unterschiedlicher Zahl und Anordnung das komplette Alphabet, Zahlen und Noten darstellen können. Hilfreich für Gehörlose und Menschen mit Sehbehinderung ist außerdem das Lormen, ein Tast-Alphabet, benannt nach seinem Erfinder Hieronymus Lorm. Dabei wird die linke Hand des Gesprächspartners an festgelegten Stellen berührt. Jede Berührung steht dabei für einen Buchstaben, so bedeutet z. B. das einmalige Antippen der Daumenspitze ein »A«.

Als *zerebrale Bewegungsstörung (Zerebralparese)* bezeichnet man unterschiedliche, vom Gehirn verursachte Störungen im Bewegungsablauf. Der Grad der Behinderung reicht von unbeholfenen Handbewegungen und Schwierigkeiten beim Gehen bis zur kompletten Bewegungsunfähigkeit. Zusätzlich können auch andere Funktionen beeinträchtigt sein, insbesondere Denkfähigkeit, Wahrnehmung und Sprache. Manche Kinder bleiben in ihrer Entwicklung zurück, andere entwickeln sich normal, wieder andere sind hochintelligent.

Das *Downsyndrom* oder die *Trisomie 21* hat eine genetische Ursache: Bei der Zellteilung in der Gebärmutter entsteht in den Genen eine Chromosomenanordnung, die von der üblichen Zahl abweicht. Menschen mit Downsyndrom haben geistige bzw. Lernbehinderungen. Fortschritte in Medizin und Pädagogik haben die Entwicklungsmöglichkeiten und die Lebensqualität der Betroffenen in den letzten Jahrzehnten entscheidend verbessert.

Epilepsie äußert sich in unregelmäßig auftretenden Anfällen aufgrund zeitweiliger Hirnfunktionsstörungen infolge von Krankheiten (z. B. Schlaganfall, Stoffwechselstörung, Hirnhautentzündung) oder Verletzungen (Geburtsverletzung, Unfall). Während eines Anfalls finden ungesteuerte elektrische Entladungen der Nervenzellen statt. Viele Epilepsien, vor allem von Kindern, heilen im Laufe der Zeit aus.

Von *Hörbehinderung* und *Gehörlosigkeit* spricht man, wenn Menschen auch mit technischen Hörhilfen Sprache nicht über das Gehör aufnehmen und interpretieren können. Dadurch ist es ihnen meist auch nicht möglich, die Lautsprache und das Sprechen zu erlernen. Nicht hören zu können bedeutet, weitgehend von der Teilhabe am gesellschaftlichen Leben ausgeschlossen zu sein. Zu schulischen gesellen sich daher oft auch psychosoziale Probleme. Das wichtigste Hilfsmittel für die Verständigung ist die Gebärdensprache. Als schwerhörig gilt, wer zwar vermindert hört, aber noch in der Lage ist, Sprache und andere akustische Eindrücke wahrzunehmen, eventuell mithilfe eines Hörgeräts. In Deutschland leben schätzungsweise 80000 gehörlose Menschen und etwa 1,5 Millionen Hörgeschädigte (ohne Altersschwerhörige).

Die *Glasknochenkrankheit (Osteogenesis imperfecta)* ist eine erbliche Störung der Knochenbildung, die bereits im Mutterleib oder im Kindesalter auftritt. Die Instabilität der Knochen führt zu Brüchen und Verformungen. Diese wiederum verursachen Wachstumsstörungen, unproportionierten Körperbau und Bewegungseinschränkungen. Wegen der ständigen Gefahr von Knochenbrüchen müssen Betroffene speziell im Kindesalter extrem geschützt werden.

Kleinwuchs ist eine Wachstumsstörung, von der etwa 120000 Menschen in Deutschland betroffen sind. Sie sind oder werden als Erwachsene nur zwischen 80 und 150 Zentimeter groß. Es gibt über hundert verschiedene Formen von Kleinwuchs. Die Ursache kann ein natürlicher Zufall, ein Mangel an Wachstumshormonen, eine Stoffwechselstörung oder eine Hemmung des Knochenwachstums sein.

Multiple Sklerose (MS) ist eine Erkrankung des zentralen Nervensystems, deren Ursache unbekannt ist. In unterschiedlichen Zeitabständen und mit unterschiedlicher Stärke kommt es zu Störungen der Sinnes- oder anderer Organe, zu Steifheit bis hin zur Lähmung von Gliedmaßen, was zur Abhängigkeit vom Rollstuhl führen kann.

Bei *Muskelschwund* unterscheidet man zwischen Muskelatrophie und Muskeldystrophie. Unter Muskelatrophie versteht man das Schrumpfen eines Muskels, wodurch die Muskelfasern immer mehr geschwächt werden, bis der Muskel schließlich gar nicht mehr funktioniert. Die Muskeldystrophie ist eine erbliche Erkrankung, bei der die Muskelfasern langsam, aber fortschreitend schwinden. Einige Formen sind angeboren, andere entwickeln sich in der Kindheit, wieder andere erst im fünften oder sechsten Lebensjahrzehnt.

Polio (Kinderlähmung) ist eine Viruserkrankung, die hauptsächlich Kleinkinder infiziert und zu Lähmungen führen kann. In den Industrieländern ist die Kinderlähmung dank der Schluckimpfung selten geworden.

Querschnittslähmung entsteht, wenn das Rückenmark durchtrennt oder beschädigt wird, oft durch einen Verkehrs- oder Sportunfall oder durch Verletzung von Nervenwurzeln im Wirbelkanal. Querschnittslähmungen sind bis heute nicht heilbar. Ist das Rückenmark geschädigt, können Impulse, die das Gehirn an bestimmte Muskelgruppen sendet, z. B. um eine Bewegung auszuführen, nicht übermittelt werden. Dabei ist keine Lähmung wie die andere. Die motorische Lähmung verhindert willkürliche Bewegungen im gelähmten Bereich. Die sensible Lähmung schaltet Schmerz-, Berührungs- und Temperaturempfindungen sowie den Lagesinn aus. Die vegetative Lähmung wiederum führt zu Störungen der Blasen-, Darm- und Sexualfunktionen sowie der Drüsen- und Kreislauffunktionen.

Spina bifida ist eine angeborene Querschnittslähmung aufgrund einer Spaltbildung der Wirbelsäule. Die Wirbelsäulenspalte wird nach der Geburt operativ geschlossen, damit das Rückenmark nicht weiter Schaden nimmt. Die Schwere des Schadens richtet sich danach, wie viel Nervengewebe bloß liegt. Spina bifida kann zu verschiedenen Funktionsstörungen, zu geistigen und zu körperlichen Behinderungen führen.

Als *Spastik* bezeichnet man einen erhöhten Spannungszustand der Muskulatur infolge einer Fehlsteuerung des zentralen Nervensystems. Spastikern gelingen bestimmte Bewegungsabläufe gar nicht oder nur mühsam und in »falscher« Form. Die Störungen sind abhängig von körperlicher, seelischer und geistiger Anspannung.

Auch schwerwiegende Krankheiten wie Diabetes, Asthma, AIDS, Krebs, Hüft- und Gelenkschäden u.a. werden amtlich als Behinderung eingestuft.

Behinderung als »Kollateralschaden«

Betrachtet man die Ursachen der einzelnen Behinderungsarten, dann wird deutlich, dass es sich überwiegend um Krankheiten und Unfälle handelt. Das bedeutet: Jeden kann es treffen. Jederzeit. Doch nicht immer sind Behinderungen ein unabwendbares Schicksal. Überall auf der Welt gibt es eine wachsende Anzahl an Behinderungen, die fahrlässig oder sogar mutwillig verursacht werden. In den ärmeren Ländern sind Behinderungen sehr häufig eine Folge von Krieg, Hunger, Not, mangelnder Hygiene, verseuchtem Wasser und unzureichender medizinischer Versorgung (siehe S. 85). Hinzu kommt eine Vielzahl körperlicher, psychischer und geistiger Behinderungen und genetischer Schäden, die – auch in den Industriestaaten – auf den Missbrauch von Alkohol, Drogen oder Medikamenten zurückzuführen sind.

Die schlimmsten der vermeidbaren Behinderungen werden in Kriegen verursacht. Seit dem 20. Jahrhundert haben Militärs immer heimtückischere Waffensysteme eingesetzt, z.B. Giftgas, biologische und chemische Kampfstoffe, Atombomben und Atomraketen, Landminen und Streubomben. Militär und Rüstungsindustrie kalkulieren neben verwundeten Soldaten von vornherein auch zivile Opfer als »Kollateralschäden« mit ein. Die Atombomben von Hiroshima und Nagasaki, das Napalm in Vietnam, die Streubomben und Landminen in Afghanistan und vielen anderen Ländern töteten und versehrten vor allem Frauen, Kinder und alte Menschen. Selbst künftige Generationen werden noch Schäden davontragen. Soldaten, die chemische Kampfstoffe einsetzten und Nervengas, Radar- und Röntgenstrahlung ausgesetzt waren, sind ebenfalls betroffen.

Weil Menschen immer höhere Risiken des technischen und industriellen Fortschritts in Kauf nehmen, kommt es auch in vom Krieg verschonten Regionen zu vermeidbaren Behinderungen:

Die Autoindustrie und mit ihr die automobile Gesellschaft fordert jedes Jahr Tausende Unfallopfer, übrigens auch in den sogenannten Entwicklungsländern.

Die Pharmaindustrie produziert Medikamente, die der Gesundheit dienen, aber auch Risiken und Nebenwirkungen haben. Immer wieder müssen unzureichend erprobte Medikamente vom Markt genommen werden. Beipackzettel warnen vor einer Unzahl von Krankheits- und Behinderungsrisiken. Auch Medikamentenmissbrauch führt häufig zu Behinderungen.

Die Chemieindustrie schafft Wirtschaftswachstum und erleichtert das Leben, birgt aber hohe Risiken in vielen Lebensbereichen, von Wohngiften über Allergien bis hin zu den dioxinverseuchten Menschen nach den Chemiekatastrophen im italienischen Seveso (1976) und im indischen Bhopal (1984).

Die Atomindustrie bürdet die Spätfolgen der Atommülllagerung künftigen Generationen auf. Rechnet man alle Folge- und Nebenkosten für Mensch und Umwelt mit ein, zahlen wir für Atomenergie einen sehr hohen Preis – nicht nur in Euro und Cent, sondern auch in Form von Todesopfern, Behinderungen und Erbschäden. Im näheren Umkreis von Atomreaktoren treten erhöhte Raten von Leukämie- und Knochenkrebserkrankungen auf. Die Toten und die krebskranken Kinder nach dem Super-GAU von Tschernobyl (1986) bleiben eine Warnung.

Um zu verhindern, dass ungebremstes Profitstreben Tod, Krankheit und Behinderung von Menschen als »Kollateralschäden« in Kauf nimmt, wird es immer wichtiger, die Gefahren des industriellen Wachstums kritisch zu beobachten und das demokratische Recht auf Kontrolle und Mitsprache einzufordern – und zwar weltweit, damit nicht gefährliche Experimente und riskante Produktionsweisen zu den Ärmsten der Armen ausgelagert werden.

FAKTEN UND ARGUMENTE

DER NATIONALSOZIALISTISCHE MASSENMORD

Das Wort *Euthanasie* (wörtlich: »guter Tod«) kommt aus dem Griechischen und bedeutet »Sterbehilfe«. Ursprünglich war damit die Erleichterung eines unvermeidlich qualvollen Todes gemeint. Ob und unter welchen Bedingungen eine solche Hilfe zum guten und würdevollen Sterben gegeben werden darf, ist aus rechtlichen, ethischen und religiösen Gründen bis heute umstritten.

Was ursprünglich barmherzig gemeint war, verband sich schon in der Weimarer Zeit mit den rassenhygienischen und eugenischen Zielen mancher Biologen und Bevölkerungspolitiker. Unter den Nazis aber diente die Euthanasie als Vorwand für die systematische Tötung sogenannten »lebensunwerten Lebens«. Nachdem sie sich selbst zur germanischen Herrenrasse erklärt hatten, betrieben sie die Vernichtung aller, die sie als krank, schwach und »rassisch minderwertig« ansahen.

Der erste Schritt war 1934 die Zwangssterilisation nach dem NS-Gesetz zur »Verhütung erbkranken Nachwuchses«. Die Akten der Gesundheitsämter beweisen, dass dabei der Willkür Tür und Tor geöffnet waren. So gut wie alles konnte zur Erbkrankheit erklärt werden, sogar Arbeitslosigkeit oder die Vorliebe für »Negermusik«. Auch politisch Missliebige und Kriegsgegner wurden von Ärzten als Erbkranke, »Irre« oder »Idioten« diagnostiziert. Schwerverwundete und seelisch traumatisierte Teilnehmer des Ersten

Weltkriegs wurden von den nationalsozialistischen Planern des Zweiten Weltkriegs und ihren medizinischen Helfershelfern als »Kranke« und »Schwächlinge« ausgesondert. Ungefähr 400 000 Menschen wurden zwischen 1934 und 1945 nach einem Verfahren vor dem »Erbgesundheitsgericht« zwangssterilisiert: Menschen mit geistigen und körperlichen Behinderungen, mit Psychosen oder Epilepsie, Gehörlose, Blinde und Alkoholkranke.

Mit den Kriegsvorbereitungen verschärfte sich die Situation. Pflegebedürftige und Menschen mit Behinderung wurden als »Schaden am Volkskörper« und »finanzieller Ballast« diffamiert, Gesunde gegen Kranke aufgehetzt. In Schulbüchern gab es Rechenaufgaben, nach denen die Schüler die Kosten der »Ballastexistenzen« für die Volksgemeinschaft ausrechnen mussten.

NS-Rechenaufgabe

Ein Geisteskranker kostet täglich RM 4.-, ein Krüppel RM 5.50, ein Verbrecher RM 3.50. In vielen Fällen hat ein Beamter täglich nur etwa RM 4.-, ein Angestellter kaum RM 3.50, ein ungelernter Arbeiter noch keine RM 2.- auf den Kopf der Familie.

a) Stelle diese Zahlen bildlich dar. Nach vorsichtiger Schätzung sind in Deutschland 300 000 Geisteskranke, Epileptiker usw. in Anstaltspflege.

b) Was kosten diese jährlich insgesamt bei einem Satz von RM 4.-?

c) Wie viele Ehestandsdarlehen zu je RM 1000.- könnten – unter Verzicht auf spätere Rückzahlung – von diesem Geld jährlich ausgegeben werden?

Quelle:
Mathematik im Dienste der nationalpolitischen Erziehung, 1935

Ende 1938 ging in Hitlers Kanzlei ein Brief ein, in dem Eltern darum baten, ihr missgebildetes Kind töten zu lassen. Hitler ermächtigte seinen Leibarzt in diesem und ähnlichen Fällen, den »Gnadentod« zu gewähren. In der Folge wurden eine Meldepflicht eingeführt und sämtliche Kinder mit Behinderungen im Deutschen Reich erfasst. Ausgewählte Gutachter entschieden über Leben und Tod. Bis 1945 wurden etwa 8000 Kinder mit geistigen und körperlichen Behinderungen in sogenannten »Kinderfachabteilungen« durch Gift oder Verhungernlassen getötet.

Dass mit dem Wort *Gnadentod* nichts anderes als die Ermordung von arbeitsunfähigen Kranken gemeint war, zeigte sich mit Kriegsbeginn. Sonderkommandos im eroberten Polen erstickten systematisch psychisch und geistig Kranke in Gaswagen oder erschossen sie in den Wäldern. Die Zahl der in Pommern, Westpreußen und Polen kurz nach Kriegsbeginn getöteten Menschen wird mit 10 000 beziffert.

Kurz darauf wurde die Euthanasie-Aktion auf das gesamte Reichsgebiet ausgedehnt. Dies geschah unter strengster Geheimhaltung, denn Hitler hatte es ausdrücklich abgelehnt, eine gesetzliche Grundlage zu schaffen. Ein Gremium nationalsozialistischer Mediziner plante in Berlin unter der Tarnbezeichnung »Aktion T4« (nach der Zentrale in der Tiergartenstraße 4) die Massentötung in den Heil- und Pflegeanstalten. Die Gutachter unter der Leitung des Psychiatrieprofessors Werner Heyde suchten die Opfer in den Heimen aus und bestimmten ihre Deportation in die T4-Tötungsanstalten Grafeneck, Brandenburg, Hartheim, Sonnenstein, Bernburg und Hadamar. Dort wurden die Patienten in als

Duschräume getarnte Gaskammern geführt und mit Kohlenmonoxid erstickt. Die Angehörigen erhielten eine Urne mit Asche der »Verstorbenen« und einen vorgedruckten Trostbrief. Schon bald rühmte sich die Organisation, jedes dritte Bett für Kriegslazarette »frei gemacht« zu haben.

Nach der T4-Buchhaltung waren bereits 70273 Menschen umgebracht worden, als Mitte 1941 die Geheimhaltung nicht länger möglich war. Fragen der beunruhigten Angehörigen und Proteste der Kirchen, beispielsweise in einer Predigt des Bischofs Clemens von Galen, waren unüberhörbar geworden. Zudem befürchtete man eine Ausweitung der Tötungsaktionen auf verwundete Soldaten und alte Menschen. Die Vergasungsaktionen wurden daraufhin offiziell eingestellt. Heimlich und dezentral aber wurde weiter gemordet. Die Patienten starben fortan unauffälliger: durch Gift, Hunger, systematische Vernachlässigung und Kälte. Fortgeführt wurden die Kinder-Euthanasie, sogenannte »Sonderbehandlungen« in Konzentrationslagern und die Ermordungsaktionen in den eroberten Ostgebieten. In der Endphase des Krieges fielen auch Soldaten mit amputierten Gliedmaßen, Zivilisten mit Angstneurosen und durch den Bombenkrieg verwirrte alte Menschen dem »Gnadentod« zum Opfer.

Brief von Ernst P. an seine Mutter vom 3. September 1943
»Die Menschen magern hier zum Skelett ab und sterben wie die Fliegen. Wöchentlich sterben rund 30 Personen. Man beerdigt die hautüberzogenen Knochen ohne Sarg ... Die Menschen werden zu Tieren und essen alles was man eben von anderen kriegen kann so auch rohe Kartoffel

und Runkel, ja wir wären noch anderer Dinge fähig zu essen wie die Gefangenen aus Russland. Der Hungertod sitzt uns allen im Nacken, keiner weiß wer der Nächste ist … Früher ließ man in dieser Gegend die Leute schneller töten und in der Morgendämmerung zur Verbrennung fahren. Als man bei der Bevölkerung auf Widerstand traf, da ließ man uns einfach verhungern.«

> Ernst P. wurde in Hadamar ermordet. Sein Brief, geschrieben in der Landesheilanstalt Weilmünster, wurde von der Anstaltsleitung abgefangen.

Bei den Nürnberger Prozessen wurde die Gesamtzahl der Euthanasie-Opfer auf 275000 geschätzt. Nach dem Krieg wurden die Mörder nicht zur Rechenschaft gezogen. Im Gegenteil: Belastende Personalakten wurden offiziell unter Verschluss gehalten, versteckt oder nachweislich – noch in den 1970er-Jahren – verbrannt. Die verantwortlichen Ärzte und Psychiater machten weiter Karriere. Einige missbrauchten nach wie vor die Leichen ihrer Opfer zu Forschungszwecken. Hirnpräparate wurden noch jahrzehntelang im Frankfurter Max-Planck-Institut und in der Universität Wien ausgestellt. Am 28. April 2002 wurden auf dem Wiener Zentralfriedhof die letzten Überreste von Opfern der Jugendfürsorgeanstalt Am Spiegelgrund beigesetzt. Ein Mahnmal und eine Gedenk- und Forschungsstätte sollen errichtet werden. Doch noch immer lagern Tausende von Präparaten von getöteten Kindern und Jugendlichen in wissenschaftlichen Instituten.

FAKTEN UND ARGUMENTE

DIE BEHINDERTENBEWEGUNG

Die Behindertenbewegung im 20. Jahrhundert war eng mit den Kriegen und ihren Folgen verknüpft. Nach gewonnenen wie verlorenen Kriegen neigen die Menschen dazu, Leiden und Opfer zu verdrängen und mit dem Aufräumen der Trümmer auch die menschlichen Zerstörungen beiseitezuschieben. Solange die Schlachten toben, werden Verwundete als »Helden« geachtet und gepflegt – nach Kriegsende aber gilt es, die Verkrüppelten, Blinden, Verbrannten, Entstellten, Arm- und Beinlosen möglichst schnell unsichtbar zu machen. Seit dem 18. Jahrhundert suchte man sie von der Straße zu holen, in sogenannten Krüppelheimen, Invalidenanstalten, Armen- und Arbeitshäusern zu verwahren. So hatte die Fürsorge immer auch das Doppelgesicht des Entsorgens. Sie ermöglichte das Vorbereiten neuer Kriege. Die Spanne zwischen dem Ende des Ersten und dem Beginn des Zweiten Weltkriegs betrug 21 Jahre, dann war eine neue, unversehrte Jugend abermals bereit, für nationale Parolen Gesundheit und Leben zu opfern.

Nachkriegszeit

Auch nach dem Zweiten Weltkrieg blieben die Kriegsanstifter den »Dank des Vaterlandes« schuldig. Entschädigung wurde vom nachfolgenden demokratischen Staat eingefordert. Zwar sah man bis in die 1950er-Jahre hinein noch viele Kriegsversehrte als Bettler auf den Bürgersteigen und als Hausierer an den Türen. Viele waren zu Almosenempfängern geworden. Doch mit steigendem Wohlstand der Gesellschaft erkämpften die Kriegsopferverbände, was ihren Mitgliedern zustand. Manches davon kam auch den Menschen mit »zivilen Behinderungen« zugute. Die Entwicklung neuer Operationstechniken, Prothesen und Therapien schritt voran. Neue Heil- und Pflegeanstalten wurden eingerichtet, meist an entlegenen Orten; spezialisierte Kurbäder, Rehabilitationszentren und Werkstätten entstanden.

Der Umgang mit Menschen mit Behinderungen blieb widersprüchlich. Mitleid und Hilfsbereitschaft galten vor allem den Kriegs- und Unfallopfern. Menschen mit Geburtsschäden und Krankheiten, geistigen oder psychischen Beeinträchtigungen blieben »Behinderte zweiter Klasse«. In vielen Köpfen wirkte noch immer das geistige Gift der NS-Zeit, die Diffamierung von Behinderung als Last und Belästigung, als »Schaden am Volkskörper«, als »lebensunwertes Leben«. So war es schließlich bis in die Schulen hinein propagiert und gelehrt worden.

»Sorgenkinder«

Ende der 1950er-Jahre wurde die Wirtschaftswundergesellschaft mit Behinderungsformen konfrontiert, die sich nicht mehr so einfach wegschieben ließen. Die Polioepidemie 1961 mit mehreren tausend Erkrankten zeigte, dass Behinderung eine aktuelle Gefahr war, vor der es zu schützen galt. *Schluckimpfung ist süß – Kinderlähmung ist bitter* stand als Slogan auf den Plakaten der Gesundheitsämter, die die Bevölkerung mit der Angst vor einem Leben im Rollstuhl wachrütteln sollten.

Auch die zunehmende Motorisierung und die steigende Zahl der Unfallopfer veränderte die Einstellung gegenüber Menschen mit Behinderungen. Jeden Tag gab es neue Schwerverletzte – und jeden konnte es treffen.

Das galt auch für die Risiken und Nebenwirkungen der Chemie-, Pharma- und Atomindustrie. Zahlreiche Pannen, Skandale und Störfälle begleiteten das rasante Wirtschaftswachstum. Kritiker und Science-Fiction-Autoren entwarfen Katastrophenszenarien, die die Chemieunfälle von Seveso und Bhopal und den atomaren GAU von Tschernobyl vorwegnahmen. Neue Kunststoffe, Farben, Kleber, Pflanzenschutzmittel, Insektizide, Medikamente und andere Produkte standen im Verdacht, die Zunahme von Fehlbildungen bei Neugeborenen, Krebserkrankungen, Allergien oder anderen Leiden verursacht zu haben. Ein erster, großer Schock war die Contergankatastrophe.

»Contergan – das Schlafmittel, das Babys zu Krüppeln macht«, lautete eine der vielen Schlagzeilen über die bis dahin weltweit größte Arzneimittelkatastrophe. Ende der 1950er-Jahre kamen Kinder ohne Arme, ohne Beine oder mit verkürzten Gliedmaßen zur Welt. Ihre Hände waren an den Schultern angewachsen, die Füße, meist auch missgebildet, wuchsen an winzigen Beinen. 2500 Jungen und Mädchen in Deutschland waren geschädigt, mehr als 10 000 in der ganzen Welt.

FAKTEN UND ARGUMENTE

War es eine Epidemie? Waren es Kriegsfolgen? Die Ursache blieb zunächst ein Rätsel. Erst nach und nach wurde es aufgedeckt. Die betroffenen Mütter hatten während der Schwangerschaft ein Schlafmittel genommen, das erst seit Kurzem im Handel war: Contergan. Welche Folgen es hatte, konnten die Frauen nicht wissen. Es dauerte lange, bis öffentlich anerkannt wurde, dass die Fehlbildungen der Kinder mit dem Arzneimittel in Verbindung standen. So verging wertvolle Zeit, in der weitere ahnungslose Frauen die Tabletten einnahmen. Im November 1961 wurde Contergan aufgrund massiven Drucks von Presse und Öffentlichkeit vom Markt genommen.

Der Druck der Medien hielt die »Contergankinder« jahrelang in den Schlagzeilen. Fotos und Fernsehberichte zeigten das Heranwachsen und die Probleme der Kinder, eine permanente Negativreklame für die Pharmaindustrie. Wie immer in solchen Fällen weigerten sich die Hersteller, ein direktes Verschulden offiziell anzuerkennen. Die Eltern der Contergankinder erkannten, dass sie als Einzelkämpfer keine Chance hatten. Sie schlossen sich zusammen und klagten gemeinsam. Nach jahrelangen gerichtlichen Auseinandersetzungen wurde 1970 ein Vergleich mit der Schädigerfirma geschlossen, der die Ansprüche der Kinder sichern sollte. Dazu verpflichtete sich der Staat, die Entschädigungen mitzutragen. 1972 wurde die Stiftung Hilfswerk für behinderte Kinder gegründet, die bis heute an die Betroffenen, je nach Grad der Schädigung, eine monatliche Rente auszahlt.

Für gut zwei Jahrzehnte waren die Contergankinder zum Symbol für Behinderung geworden. Sie prägten das neue Bild vom

»Sorgenkind«. Der Kampf der Eltern für ihre Kinder aber machte Schule und Mut. Ohnehin war die Zeit reif, das althergebrachte Versteck- und Abschiebespiel der Verwalter und Fürsorger zu beenden. Eltern forderten Förderung statt Verwahrung. Bereits 1958 war die Organisation Lebenshilfe für das geistig behinderte Kind gegründet worden. Sie wurde zum Modell für zahlreiche Verbände, in denen sich engagierte Eltern mit Freunden und Fachleuten zusammenfanden.

»Behindertsein ist schön«

Im Gefolge der weltweiten Bürgerrechtsbewegungen – der Schwarzen in den USA, der Frauen, der Studenten – entstand Anfang der 1970er-Jahre die erste große Behindertenbewegung. Sie ging nicht mehr von Eltern und Betreuern, sondern von Menschen mit Behinderungen selbst aus. Wie viele benachteiligte Gruppen erkannten sie, dass ihre Situation durch die Gesellschaft bedingt war. Angelehnt an die Parole *Black is beautiful* der Black-Power-Bewegung in den USA formulierten Bürgerrechtler mit Behinderungen nicht ohne Ironie ein neues Selbstbewusstsein: »Behindertsein ist schön.«

Eine wichtige Rolle spielte in Deutschland der Autor Ernst Klee, der in Zeitungsartikeln und Fernsehberichten über die Situation von Menschen mit Behinderungen aufklärte, Missstände anprangerte und eine emanzipatorische Behindertenarbeit forderte. Sein Buch *Behindert* wurde zum Standardwerk. Gemeinsam mit

Klee entwickelten Menschen mit Behinderungen Mitte der 1970er-Jahre offensive Demonstrations- und Kampfformen, um auf die Behinderer aufmerksam zu machen. Selbstbewusst und konfliktbereit veranstalteten sie im Stil der Studentenbewegung spektakuläre Aktionen. Rollstuhlfahrer versammelten sich zu »Roll-ins« vor Behördentreppen und unüberwindbaren Bordsteinkanten, forderten barrierefreien Zugang zu öffentlichen Einrichtungen oder blockierten Straßenbahnen. Aufkleber mit dem Text *Prädikat behindertenfeindlich* fanden sich an Bussen, U-Bahnen, Fahrstühlen, Toiletten, Telefonzellen oder Ämtern. Besonders medienwirksam war die jährliche Verleihung der goldenen Krücke, mit der die schlimmsten Behinderer »ausgezeichnet« wurden.

Klee und seine Freunde verstanden ihre Aktionen als politischen und aufklärerischen Feldzug, mit dem sie zugleich auch die Behinderungen der Nichtbehinderten aufzeigen wollten. Außerordentliches Aufsehen erregte am 8. Mai 1980 die bis dahin größte gemeinsame Demonstration von Menschen mit und ohne Behinderungen in Frankfurt. 5000 Demonstranten protestierten gegen das Landgericht, das entschieden hatte, dass der Anblick von Schwerbehinderten den Urlaubsgenuss beeinträchtige.

> ... die Anwesenheit einer Gruppe von 25 geistig und körperlich Schwerbehinderten stellt einen zur Minderung des Reisepreises berechtigenden Mangel dar. Es ist nicht zu verkennen, dass eine Gruppe von Schwerbehinderten bei empfindsamen Menschen eine Beeinträchtigung des Urlaubsgenusses darstellen kann.
>
> **Urteil des Frankfurter Landgerichts, 1980**

Die in den 1970er-Jahren entwickelten Kampf- und Demonstrationsformen zeigten Wirkung. Ihr Erfolg lehrte, dass mit intelligenter Provokation, Widerstand und Konfliktbereitschaft politische Fortschritte zu erreichen waren. In der Folge kam es einerseits zu einer Radikalisierung, andererseits zu einer Verbreiterung und Spezialisierung der Behindertenbewegung. Selbsthilfegruppen, Initiativen und Verbände entstanden, die sich zunächst auf ihre jeweilige Behinderungsform konzentrierten. Sie vertieften die Selbsterfahrung, suchten Hilfe, Rat und Solidarität in der eigenen Gruppe und leisteten Lobbyarbeit.

»Jedem Krüppel seinen Knüppel!«

Von gut gemeinten Versprechungen und politischen Sonntagsreden hatten die Bürgerrechtler genug. Ungeduld machte sich breit. Menschen mit Behinderungen wollten nicht länger als Almosenempfänger in ihrer Menschenwürde verletzt, von Fürsprechern bevormundet, von Politikern mit Betroffenheitserklärungen abgespeist und vertröstet werden. Statt der Anpassung der Menschen mit Behinderungen an die Verhältnisse forderten sie eine Anpassung der Verhältnisse an die Interessen und Rechte der Menschen mit Behinderungen.

Offensiv übernahmen sie in den 1980er-Jahren den abwertenden Begriff *Krüppel,* drehten ihn um und provozierten als »Krüppelbewegung« die Öffentlichkeit. Die Krüppel-Aktivisten verzichteten bewusst auf die Hilfe nichtbehinderter Mitstreiter.

An vielen Orten entstanden Krüppeltheater, Krüppelkabaretts, Krüppelzeitungen. Behindertenfeindliches Verhalten kam vor das Krüppeltribunal.

Mitte der 1980er-Jahre ging die heiße Phase der Krüppelbewegung allmählich zu Ende. Es entstand die Selbstbestimmt-Leben-Bewegung, die sich weniger radikal von der Mehrheitsgesellschaft absetzte. Zunehmend konzentrierte sich der Kampf darauf, die Menschenrechte der Menschen mit Behinderungen politisch in die Verfassung einzubringen und ihre Durchsetzung juristisch zu erstreiten. Es entstand eine neue Gemeinsamkeit. Zusammen mit traditionellen Vereinigungen wie dem Verband der Kriegsopfer oder der Lebenshilfe übernahmen die neuen Selbsthilfeverbände viele Forderungen der Bürgerrechtler. Die »Sorgenkinder« sind erwachsen geworden. Heute haben sie ihre Lobby in den Parlamenten, kompetente Sprecherinnen und Sprecher, sind international vernetzt. Immer mehr Musiker, Schauspieler, Pastoren, Sportler, Schriftsteller, Publizisten, Juristen und Politiker mit Behinderungen wurden Vorbilder und Vorkämpfer für eine gleichberechtigte Teilhabe am gesellschaftlichen Leben. Das Vertrauen in die eigene Kraft verdanken sie nicht zuletzt der Krüppelbewegung.

Aus »Sorgenkindern« werden Menschen

Ein deutliches Beispiel für den erreichten Bewusstseinswandel ist die Umbenennung der bekanntesten Organisation der Behindertenhilfe. 1964 wurde unter dem Eindruck der Contergankatastrophe die Aktion Sorgenkind gegründet. Mit der gleichnamigen Fernsehlotterie erreichte diese Form mitleidiger Hilfe rasch die Portemonnaies der Massen. Mit fünf Mark war man dabei – nicht nur Gutes zu tun, sondern auch sein soziales Gewissen zu entsorgen. Mit den Milliardenerlösen förderte die Aktion gezielt Projekte zur Verbesserung der Lebensbedingungen von Menschen mit Behinderungen.

Doch schon früh wurde die Aktion auch kritisiert. Vor allem wurde bemängelt, dass sie den Blick auf die wahren Probleme, Ansprüche und Rechte von Menschen mit Behinderungen verstelle, sie als »Sorgenverursacher« verunglimpfe und als »Kinder« verniedliche.

Mit der Zeit und dem Erstarken der Behindertenbewegung freilich erwies sich die Aktion als lernfähig und erweiterte das barmherzige Spendenverteilen auf die Unterstützung von Selbsthilfegruppen und gesellschaftspolitischer Aufklärungsarbeit. Die 1999 beschlossene Umbenennung in Aktion Mensch dokumentiert die Befreiung vom Muff der »Sorgenkind«-Ära.

Auch andere Verbände, Initiativen und Institutionen haben hinzugelernt. Das Ausgrenzen und Verstecken von Menschen mit Behinderungen gehört ebenso wie das herablassende oder mitleidige Bevormunden zunehmend der Vergangenheit an. Menschen mit Behinderungen bitten nicht mehr, sie fordern ihre Rechte. Sie demonstrieren in der Öffentlichkeit und vertreten sich selbst, selbstständig und selbstbewusst. Dabei hat ihnen auch der technische Fortschritt durch die massenhafte Verbreitung von PCs und die Entwicklung des Internets geholfen. Sie haben sich diese neuen, interaktiven Medien erobert, sich untereinander weltweit vernetzt und eine Lobby aufgebaut.

Auch politisch kann man von grundlegenden Erfolgen der Behindertenbewegung seit den 1970er-Jahren sprechen. Die beiden wichtigsten waren 1994 das Benachteiligungsverbot im Grundgesetz der Bundesrepublik Deutschland und 2002 das Gleichstellungsgesetz für behinderte Menschen, mit dem die Barrieren, die die Teilhabe am öffentlichen Leben einschränken oder den Zugang zu öffentlichen Gebäuden versperren, beseitigt werden sollen.

Erfolge erzielte die Behindertenbewegung auch in der Schweiz und in Österreich. In beiden Ländern haben Menschen mit Behinderungen mit ähnlichen Problemen und Behinderern zu kämpfen. Wie Deutschland haben auch Österreich und die Schweiz die EU-Richtlinien als Richtschnur und die UN-Konvention ratifiziert. Und überall gibt es Widersprüche zwischen Absichtserklärungen und Realität. Die »drei A« – Armut, Arbeitslosigkeit, Ausgrenzung – bedrücken Menschen mit Behinderungen in allen drei Staaten in ähnlicher Weise. Zugleich wächst das Bewusstsein um die Notwendigkeit, dies zu ändern und die Menschenrechte einzufordern.

Niemand darf wegen seiner Behinderung benachteiligt werden.
Grundgesetz der Bundesrepublik Deutschland, Artikel 3, Absatz 3

Gleichstellung, Gleichbehandlung, Selbstbestimmung, Barrierefreiheit und Teilhabe sind in vielen europäischen Ländern in wohlklingenden Gesetzen und Verordnungen festgeschrieben. Doch viele

Vorschriften sind bislang Lippenbekenntnisse geblieben. Im Alltag angekommen sind sie noch lange nicht. Für die Verwirklichung des Artikels 3,3 des deutschen Grundgesetzes und die Gleichstellung von Menschen mit Behinderungen haben sich daher im neuen Jahrtausend über hundert Verbände der Behindertenhilfe und -selbsthilfe in der Aktion Grundgesetz vereinigt. Unter dem Motto *Behindert ist man nicht. Behindert wird man* fordert die Aktion auch die notwendigen praktischen Maßnahmen:

- Die Eingliederung von Menschen mit Behinderungen in den Arbeitsmarkt
- Die Beseitigung von Barrieren im Alltag für alle Menschen mit Behinderung – ob Rollstuhlfahrer, nicht sehende oder gehörlose Menschen
- Den Zugang für Menschen mit Seh- oder Hörbehinderung zu Kommunikations- und Informationsdiensten (zum Beispiel ausführliche TV-Untertitel im Fernsehen)
- Das Recht der Eltern von Kindern mit Behinderungen auf freie Wahl der Schulform (Regel- oder spezialisierte Sonderschule)
- Die Anerkennung der Gebärdensprache und des Lorm-Alphabets für gehörlose und blinde Menschen als offizielle Sprachen
- Ein Verbandsklagerecht, das nicht nur Einzelpersonen erlaubt, Urteile anzufechten
- Die Ablehnung von Gentests mit unzureichendem Datenschutz, Forschung an Embryonen und an nicht einwilligungsfähigen Menschen

FAKTEN UND ARGUMENTE

DIE KONVENTION DER VEREINTEN NATIONEN ÜBER DIE RECHTE VON MENSCHEN MIT BEHINDERUNGEN

Die Konvention über die Rechte von Menschen mit Behinderungen wurde am 13. Dezember 2006 von der Generalversammlung der Vereinten Nationen einstimmig angenommen und ist seit 2008 völkerrechtlich wirksam. Menschen mit Behinderungen und ihre Vereinigungen sowie internationale Hilfsorganisationen wie Handicap International haben an dem Vertragswerk mitgewirkt.

»Niemals zuvor hat es ein Völkerrechtsdokument gegeben, in dem die Rechte behinderter Menschen so zukunftsorientiert, glaubwürdig und übersichtlich zusammengefasst worden sind!«, urteilt der Landesverband für Körper- und Mehrfachbehinderte Schleswig-Holstein e.V. Die Behindertenverbände betrachten die Konvention als Meilenstein, als eine »Revolution«. Sie rechnen mit einer Wende, denn jetzt können sie international die Regierungen anprangern, die diese Menschenrechte verletzen, und zum Beispiel in Fragen der Integration und Bildungsteilhabe die deutschen Kultusminister, die seit Jahrzehnten ihre Hausaufgaben nicht gemacht haben, zur Rede stellen.

Die wichtigsten Artikel der UN-Konvention beinhalten:

Barrierefreiheit: Die Vertragsstaaten sind verpflichtet, Maßnahmen zu ergreifen, um Hindernisse und Zugangsbarrieren zu beseitigen. Gebäude, Straßen, Transportmittel, Schulen, Wohnhäuser, medizinische Einrichtungen und Arbeitsstätten sind so zu gestalten, dass sie für Menschen mit Behinderungen frei zugänglich sind. Informationen, die für die Allgemeinheit bestimmt sind, müssen den Menschen mit Behinderungen »ohne zusätzliche Kosten in zugänglichen Formaten und Technologien« zur Verfügung gestellt werden. Zugleich ist die Verwendung von Gebärdensprache, Blindenschrift usw. anzuerkennen und zu fördern.

Gleiche Anerkennung vor Recht und Gesetz: Die Vertragsstaaten sind verpflichtet, Maßnahmen zu ergreifen, um jede Form der Entmündigung oder Einschränkung der Handlungs- bzw. Geschäftsfähigkeit eines Menschen zu beseitigen. Die deutsche Rechtsordnung steht damit vor der Herausforderung, für Menschen, die unter Vormundschaft, Pflegschaft und rechtlicher Betreuung stehen, ein System von Unterstützungs- und Assistenzleistungen aufzubauen, um die rechtliche Handlungsfähigkeit eines Menschen mit Behinderung zu erhalten bzw. zu entwickeln.

Kampf gegen Freiheitsentziehung, Ausbeutung, Gewalt und Missbrauch: Die Vertragsstaaten werden verpflichtet, Maßnahmen zu ergreifen, um alle Formen von Ausbeutung, Gewalt und Missbrauch zu verhindern. Sie müssen gewährleisten, dass das Vorliegen einer Behinderung in keinem Fall eine Freiheitsentziehung rechtfertigt. Damit stehen die geschlossene Unterbringung von psychisch kranken Menschen und die Zwangsbehandlung auf dem Prüfstand.

Selbstbestimmt leben: Menschen mit Behinderungen haben das gleiche Recht wie alle, »ihren Aufenthaltsort zu wählen und zu entscheiden, wo und mit wem sie leben«, und sind nicht verpflichtet, in Sondereinrichtungen zu leben. Die Vertragsstaaten werden verpflichtet, auf die vollstationäre Versorgung von Menschen mit Behinderungen zu verzichten, soweit diese nicht dem ausdrücklichen Wunsch dieser Menschen entspricht. Stattdessen sollen gemeindenahe Wohnformen und Unterstützungsdienste die »Isolation und Absonderung von der Gemeinschaft« verhindern.

Recht auf Bildung und Erziehung: Die Vertragsstaaten werden verpflichtet, ein inklusives Bildungssystem einzuführen und sicherzustellen, dass Menschen mit Behinderungen nicht vom allgemeinen Bildungssystem ausgegrenzt werden. Insbesondere Kinder mit Behinderungen dürfen nicht länger vom unentgeltlichen und obligatorischen Grundschulunterricht oder von der Sekundarbildung ausgeschlossen werden. Ausnahmen sollen nur dann zugelassen werden, wenn dies zum Erlernen von Blindenschrift, Kommunikations-, Orientierungs- und Mobilitätsfertigkeiten sowie für das Erlernen der Gebärdensprache und zur Förderung der sprachlichen Identität gehörloser Menschen erforderlich ist.

Recht auf Gesundheit, Rehabilitation und Arbeit: Eingriffe in den Körper eines Menschen mit Behinderung bedürfen der »freien Einwilligung«. Dies gilt für wissenschaftliche Versuche, Gewebeentnahmen und Operationen gleichermaßen. Sterilisationen aufgrund einer Behinderung sind unzulässig. Menschen mit Behinderungen haben ein gleiches Recht auf Arbeit, als Möglichkeit, den Lebensunterhalt selbst zu verdienen und in einem offenen Arbeitsmarkt tätig zu sein, der für Menschen mit Behinderungen zugänglich ist und sie mit einschließt. Werkstätten für Menschen mit

Behinderungen werden nicht als Alternative zum freien Arbeitsmarkt gesehen.

Deutschland hat die UN-Konvention ohne Vorbehalt ratifiziert und sich damit verpflichtet, sie in deutsches Recht umzusetzen. Dadurch wird eine gesellschaftliche Entwicklung in Gang gesetzt, in der Menschen mit Behinderungen als vollwertige und gleichberechtigte Bürgerinnen und Bürger anerkannt sind. In der Folge wird sich zeigen, ob Bund und Länder ihre Verpflichtungen ernst nehmen und in die Tat umsetzen. Auf gesamtstaatlicher Ebene soll das Deutsche Institut für Menschenrechte in Berlin die Einhaltung des Übereinkommens kontrollieren. Die Organisationen von Menschen mit Behinderungen sollen in den Überwachungsprozess einbezogen werden.

FAKTEN UND ARGUMENTE

INKLUSION STATT ABSONDERUNG

Lange Zeit sah der Staat seine Aufgabe vor allem darin, Menschen mit Behinderungen in eigenen, zumeist entlegenen »Anstalten« und Einrichtungen wie Sonderschulen, Reha- und Bildungszentren, Werkstätten und Heimen zu betreuen. Auch für die Angehörigen war es bisweilen bequem, ihre »Sorgenkinder« in betreute Obhut zu überweisen und separat fördern zu lassen. Wesentliche Menschen- und Bürgerrechte blieben dabei auf der Strecke. Für die Betroffenen bedeutete das lebenslängliche Absonderung.

> »Was im Vorhinein nicht ausgegrenzt wird, braucht hinterher auch nicht eingegliedert zu werden.«
>
> Altbundespräsident Richard von Weizsäcker

Mit dieser knappen und präzisen Formulierung hat Richard von Weizsäcker den Begriff *Inklusion* auf den Punkt gebracht. *Inklusion* ist von dem lateinischen Verb *includere* abgeleitet, das »einschließen, einbeziehen, umfassen« bedeutet. Inklusion ist also ein Konzept, das alle Menschen gleichermaßen einbezieht, egal ob mit oder ohne Behinderung.

Während Integration darauf abzielt, vorhandene Ausgrenzung zu beseitigen, findet diese Ausgrenzung beim Konzept der Inklusion gar nicht erst statt.

Sicher werden wir nach wie vor auch von Integration sprechen müssen, weil es immer noch wichtig bleibt, bestehende Ausgrenzung zu beenden und die Folgen wiedergutzumachen. Zugleich gilt es aber, ihre Ursachen zu beseitigen, und dazu gehört nicht zuletzt das starre dreigliedrige deutsche Schulsystem, das über zweihundert Jahre alt ist und Gehörlosen, Blinden und Menschen mit geistiger, seelischer, Lern- oder Körperbehinderung kaum eine echte Chance bietet.

84 Prozent der Kinder in Deutschland mit sonderpädagogischem Förderbedarf besuchten 2006 eine Förderschule. Durch diese Art der Absonderung wird verhindert, dass Menschen mit Behinderungen gleichberechtigt am gesellschaftlichen Leben teilnehmen und gleiche Chancen auf dem Arbeitsmarkt haben. 77,2 Prozent von ihnen bleiben ohne Hauptschulabschluss und nur 0,2 Prozent machen das Abitur. »Wer in die Sonderschule abgeschoben wurde, darf sich auf ein Berufsleben in der Behindertenwerkstatt freuen«, fasst die Journalistin Ulrike Demmer im Nachrichtenmagazin *Der Spiegel* zusammen.

Doch obwohl die gemeinsame Erziehung und Bildung vielerorts bereits mit Erfolg praktiziert wird, gibt es anderswo immer noch schwer überwindbare Vorbehalte gegen die Inklusion von Kindern mit Behinderungen in Kindergärten und Regelschulen. Während in den Nachbarländern 60 bis 80 Prozent aller Kinder mit Behinderungen inklusiv beschult werden, sind es in Deutschland nur 15 Prozent. Umgekehrt haben sich einige Gymnasien, Real- und Gesamtschulen für Menschen mit Behinderungen inzwischen geöffnet und inkludieren Menschen ohne Behinderung.

So können dort am Ende alle Beteiligten von einer menschlichen Lernatmosphäre und kleineren Klassen profitieren.

Der inklusive Unterricht bringt Vorteile für alle Seiten. Im Vergleich zu Sonderschulen werden nicht nur Erfahrungs- und Kontaktmöglichkeiten erweitert, auch das Lernen wird angeregt und intensiviert. Kinder ohne Behinderung werden im inklusiven Unterricht stärker motiviert, das Beste aus sich herauszuholen, Gruppenarbeit und Teamfähigkeit werden gestärkt. Sich gegenseitig helfen, Schwächen ausgleichen, eigene Stärken in den Dienst der Gemeinschaft stellen, sensibel auf die Bedürfnisse anderer reagieren, das Besondere respektieren – gemeinsam gibt es eine Menge zu lernen.

FAKTEN UND ARGUMENTE

DIE BEHINDERER

Seit 2006 gibt es, ebenso wie in anderen Staaten der Europäischen Union, auch in Deutschland ein Antidiskriminierungsgesetz, das unter anderem Benachteiligungen wegen einer Behinderung verbietet. Seither haben Menschen mit Behinderungen, die z. B. am Arbeitsplatz, im Bildungswesen, bei öffentlichen Dienstleistungen oder bei der Vergabe von Wohnraum benachteiligt werden, die Möglichkeit, dagegen zu klagen. Denn die Wirklichkeit sieht, wie so oft, immer noch anders aus. Trotz aller gesetzlichen Fortschritte wird auch weiterhin die Umsetzung von Menschenrechten verschleppt, stehen Menschen mit Behinderungen immer noch vor enormen Barrieren. Eingeschränkt ist nicht nur der gleichberechtigte Zugang zu Schule und Ausbildung, sondern auch zu Arbeit, Einkommen und geeigneten Wohnungen. Schwer zugänglich sind noch immer die meisten öffentlichen Verkehrsmittel, Gebäude, Arztpraxen, Geschäfte, Restaurants, Schwimmbäder, Kinos und Theater.

In vielen Lebensbereichen ist die Benachteiligung ein Ergebnis sozialer und politischer Rücksichtslosigkeit. Hinzu kommen negative Reaktionen der Umwelt, Unverständnis, Diskriminierung bis hin zu Pöbeleien und tätlichen Angriffen. Behindert werden Menschen mit Behinderung zum Beispiel:

- Im öffentlichen Nahverkehr und in der Bahn. Niederflurfahrzeuge mit ebenerdiger Einstiegsmöglichkeit gibt es nur selten und vielerorts fehlen Aufzüge an U- und S-Bahnstationen. Noch immer viel zu selten sind Ampeln mit Lautsignalen für Blinde sowie optische Orientierungsmöglichkeiten für Gehörlose. Behindertentoiletten in Zügen oder öffentlichen Anlagen sind noch immer die Ausnahme.

- Im Bereich der Medien und des Internets. Zwar gibt es mittlerweile TV-Sendungen mit eingeblendeten Dialogtexten oder Gebärdendolmetscher für Hörgeschädigte sowie Fernsehbildbeschreibungen für Blinde, aber diese bilden nur einen geringen Teil des Angebots. Der technische Fortschritt produziert zugleich neue Formen der Benachteiligung, zum Beispiel bei vielen neuen Funktionen von Handys und Festnetztelefonen. Zahllose Websites sind nicht barrierefrei programmiert. Neue Formen der Selbstbedienung wie etwa Auskunfts-, Geld- oder Fahrscheinautomaten, die über ein Display verfügen, sind für Blinde und bisweilen auch für Menschen im Rollstuhl, für kleinwüchsige und für ältere Menschen schwer zugänglich.
- Bei Versicherungen. Versicherungen können selbst bestimmen, wen sie versichern und wen nicht. Viele Versicherungen schließen Menschen mit geistiger Behinderung aus. Dann liest man beispielsweise in den Allgemeinen Unfallversicherungs-Bedingungen: »Nicht – und trotz Beitragszahlung nicht – versichert sind dauernd pflegebedürftige Personen sowie Geisteskranke.«

FAKTEN UND ARGUMENTE

Arbeitgeber

Für Menschen mit Behinderungen ist Arbeit mindestens genauso wichtig wie für andere Menschen. Für alle ist der Beruf eine Möglichkeit, Selbstbewusstsein zu entwickeln, Selbstständigkeit zu beweisen und sich ein Stück Unabhängigkeit zu erobern. Wenn Menschen mit Behinderungen ihren Fähigkeiten entsprechend arbeiten können, sind sie überdurchschnittlich motiviert.

Jeder hat das Recht auf Arbeit, auf freie Berufswahl, auf gerechte und befriedigende Arbeitsbedingungen sowie auf Schutz vor Arbeitslosigkeit.
Allgemeine Erklärung der Menschenrechte, Artikel 23

Nach dem Sozialgesetzbuch sind in Deutschland fünf Prozent der Arbeitsplätze in Betrieben ab 20 Mitarbeitern Menschen mit Behinderungen vorbehalten. Obwohl dies keineswegs deren Anteil an der Gesamtgesellschaft entspricht, liegt die tatsächliche Quote noch niedriger. Die meisten Unternehmen und öffentlichen Arbeitgeber entrichten eine Ausgleichsabgabe und kaufen sich so von der Pflicht frei, Menschen mit Behinderungen einzustellen. Etwa 30 000 Unternehmen beschäftigen keine einzige Person mit Schwerbehinderung. Für viele bleibt deshalb »nur« ein Arbeitsplatz in einer Behindertenwerkstatt. 150 000 Menschen arbeiten in rund 1200 Werkstätten. Aber auch sie stehen unter dem Druck des Wettbewerbs und die Löhne, die dort gezahlt werden, sind eher dürftig.

Als arbeitslos waren 2008 etwa 160 000 Menschen mit Behinderungen bei den Arbeitsämtern gemeldet, das entspricht einer Arbeitslosenquote von 17 Prozent, also mehr als das Doppelte des Bevölkerungsdurchschnitts (2008: 7,8 Prozent) – auch dies eine Form der Absonderung. Nach Angaben der Behindertenverbände liegt die tatsächliche Zahl noch weitaus höher.

Gewalt von rechts

Nach der deutschen Vereinigung 1989/90 nahmen die Gewalttaten von Rechtsextremisten nicht nur gegen Einwanderer, sondern auch gegen Menschen mit Behinderungen deutlich zu. Skinheads beschimpfen sie als »Sondermüll« oder »Schmarotzer«, jagen, treten und schlagen sie, werfen Rollstühle um. Sie nennen das »Spastis klatschen« und betreiben es wie einen Freizeitsport. Gleich doppelt gefährdet sind Flüchtlinge aus Kriegsgebieten, die wegen einer Behinderung oder Verwundung im Rollstuhl sitzen und zugleich auch wegen ihrer dunkleren Haar- oder Hautfarbe als »Kanaken« angegriffen werden.

Gewalttätige Übergriffe machen Angst. Mindestens ebenso viel Angst macht jedoch das Wegschauen der »schweigenden Mehrheit«: Menschen, die ihren Verstand, ihr Herz und ihre humanen Überzeugungen abschalten und Mitmenschen in Not nicht verteidigen.

Dass man durchaus etwas tun kann, zeigt die Konzertkampagne Rock gegen rechte Gewalt. Als Gast in Udo Lindenbergs

Panikorchester wirkte, demonstrativ im Rollstuhl, der Musiker Klaus Kreuzeder mit: »Da auch Menschen mit Behinderung verstärkt Opfer von rechter Gewalt sind, freue ich mich sehr, dass Udo Lindenberg mich eingeladen hat.«

Das Internet-Portal *Mut gegen rechte Gewalt* (www.mut-gegen-rechte-gewalt.de) ist eine gemeinsame Aktion des Magazins *Stern* und der Amadeu Antonio Stiftung. Es informiert und berichtet über Projekte und Initiativen gegen Rechtsextremismus und für Demokratie. Die Webseite stellt »mutige Menschen und gelungene Projekte« vor und ermutigt zu mehr Zivilcourage.

FAKTEN UND ARGUMENTE

SCHÖNE NEUE WELT?

Die Vergötzung des vorgeblich Perfekten und Gesunden greift um sich, und das nicht nur auf dem Laufsteg oder den Operationstischen der kosmetischen Chirurgie. Schon heute werfen Eltern und Ärzte vor der Geburt gern einen prüfenden Blick auf das werdende Leben. Durch pränatale Diagnostik, die Untersuchung des ungeborenen Kindes, können genetisch bedingte Schädigungen oder etwaige Fehlbildungen erkannt werden.

90 Prozent der Schwangerschaften, bei denen eine chromosomenbedingte Schädigung des ungeborenen Kindes festgestellt wird, werden mittlerweile unterbrochen. Schlagzeilen in aller Welt machte 2001 der Fall des kleinen Lionel, der mit Downsyndrom geboren wurde.

Das oberste Gericht Frankreichs verurteilte einen Frauenarzt zu Schadenersatz, weil er einer Mutter, deren Kind mit dem Downsyndrom geboren wurde, nicht zur Abtreibung geraten hatte. Damit wurde zum ersten Mal in der Rechtsgeschichte ein Mensch, der sechsjährige Lionel, als »Schaden« definiert. Das behinderte Kind, so die Begründung, habe einen Anspruch gehabt, nicht geboren zu werden. Der französische Ethikrat und die Behindertenverbände protestierten erbittert gegen das Urteil. Es diskriminiere alle Menschen mit Behinderungen und schaffe einen Zwang zur »präventiven« Abtreibung. Auch stelle es generell das Recht auf ein Leben mit Behinderung in Frage.

Empörend ist nicht, dass Lionel eine finanzielle Unterstützung zugesprochen wurde, die er und seine Eltern vermutlich dringend brauchen. Empörend ist die diskriminierende Begründung, die auf dieser gerichtlichen Ebene gefährliche Normen setzt: das Recht, nicht geboren zu werden.

Wenn dieses Denken Schule macht, wird es in Zukunft viele Menschen nicht mehr geben. Ungeboren blieben Menschen, deren künstlerische oder wissenschaftliche Fähigkeiten wir bewundern, die besondere Talente wegen oder trotz einer Behinderung entwickeln, die mit ihren Handicaps geliebt und geachtet werden.

Der Traum vom gentechnisch beliebig manipulierbaren Bausatz Mensch ist eine gefährliche Illusion. Inzwischen ist nach einer Umfrage des Meinungsforschungsinstituts Emnid für mehr als die Hälfte der Deutschen die gentechnische Manipulation eines Embryos kein Tabu mehr, wenn damit Krankheiten oder Behinderungen verhindert werden können. 20 Prozent würden den Eingriff an ihrem ungeborenen Kind für eine gentechnische »Mehrung der Intelligenz« in Kauf nehmen, andere träumen von der »Verschönerung des Aussehens« und sogar von einer »Verbesserung des Charakters«.

Eine unheilvolle Tradition

Nach dem Massenmord der Nazis war ein halbes Jahrhundert lang das menschenverachtende Denken der Eugeniker (Erbgesundheitsforscher) und Rassenhygieniker zu Recht verpönt. Die

Gesellschaft besann sich wieder auf ein humanistisch oder auch religiös verankertes Menschenbild. Die Begriffe Eugenik und Euthanasie waren zu Unwörtern geworden. Heute jedoch steht zu befürchten, dass im Gefolge des rasanten biotechnischen Fortschritts eine neue Form der Eugenik unser Bild vom Menschen grundlegend verändert. Was bis vor wenigen Jahrzehnten noch Science Fiction war, wird zunehmend Wirklichkeit: Entschlüsselung der Erbinformationen, Veränderung der Erbsubstanz, Präimplantationsdiagnostik (PID) bei künstlicher Befruchtung, Forschung mit embryonalen Stammzellen, Gentests an im Labor gezeugten Embryonen, Klonen als neue Form der Fortpflanzung. Der perfekte Mensch scheint machbar, »schadhafter« Nachwuchs vermeidbar. Und der Nobelpreisträger James Watson wischt letzte Bedenken beiseite: »Wenn wir bessere Menschen herstellen können durch das Hinzufügen von Genen, warum sollten wir das nicht tun?«

Im Gegensatz zum Massenmord der Nazis benötigt die neue Art der Aussonderung und Menschenzüchtung keine Gaskammern, keine Todesspritzen, keine Sterilisation und keine Abtreibungen. Auf nationalistische, rassistische oder sozialdarwinistische Parolen kann sie verzichten. Die neue »positive Eugenik« gibt sich menschenfreundlich und behauptet, allein der Gesundheit zu dienen. Sie argumentiert mit der »Freiheit der Forschung« und dem »Wirtschaftsstandort Deutschland«.

Skeptiker und Kritiker befürchten, dass es dabei eher um Macht und Gewinnstreben geht. Doch sie haben einen schweren Stand. Global konkurrierende Wissenschaftler und Wirtschaftsinteressen bestimmen das Tempo, brechen nahezu täglich Tabus und Gesetze und täuschen vor, es gehe dabei nur um die Entwicklung neuer Medikamente und besserer Diagnose- und Heilverfahren. Gefahren werden verniedlicht, Ängste beiseitegewischt. Ehe Politiker Worte für Gesetzesformulierungen finden, werden an der Börse bereits Gewinne mit neuen Patenten und Biotech-Aktien gemacht. Und selbst wenn ein nationaler Ethikrat das Profitstreben in Deutschland noch eine Zeitlang zügeln kann, werden die Stammzellen dann eben in der Schweiz, in Israel oder Südamerika geordert.

Das perfekte Superbaby mit Langzeitgarantie würde nicht nur die Menschen mit definierten Behinderungen, sondern uns alle zu Erbkranken und Minderwertigen degradieren, zu Zufallsprodukten und Auslaufmodellen.

Aber mal angenommen, der utopische Zustand, in dem der Mensch nicht mehr ein unzulängliches Naturereignis, sondern das perfekte Produkt des Geningenieurs wäre, würde tatsächlich eintreten: Was für eine Welt würde dann all die behinderungsfreien Superman- und Superwoman-Babys erwarten? Wäre es ein paradiesisches Utopia, ein gesellschaftliches Schlaraffenland? Oder wäre es immer noch eine politisch instabile und sozial defekte Welt, in der Milliarden Menschen unter Armut, Hunger, Ausbeutung, Krieg und Gewalt leiden? In der es Kindersoldaten, Sklavenarbeit, Zwangsprostitution und Analphabetismus gibt? All dies sind Behinderungen, die eigentlich längst heilbar wären.

FAKTEN UND ARGUMENTE

ARMUT UND BEHINDERUNG

80 Prozent der Menschen mit Behinderungen leben in Entwicklungsländern und müssen mit weniger als einem Euro pro Tag auskommen. Sie erhalten nur zehn Prozent der weltweiten Rehabilitationsleistungen. Die ungleiche Verteilung führt dazu, dass in den Entwicklungsländern lediglich zwei Prozent der Menschen mit Behinderungen eine Schule besuchen und die Chance haben, ihre Lebensbedingungen zu verbessern.

Der kritische Blick im wohlhabenderen Teil der Welt richtet sich zumeist auf die Verletzung der bürgerlichen und politischen Menschenrechte. Übersehen werden dagegen oft die wirtschaftlichen, sozialen und kulturellen Menschenrechte: die Ansprüche derjenigen, die in absoluter Armut leben. Unter ihnen gibt es etwa 200 Millionen Menschen mit Behinderungen.

In den sogenannten Entwicklungsländern besteht ein deutlicher Zusammenhang zwischen Armut und Behinderung. Zum einen führt die Armut selbst zu Krankheiten und Behinderungen. Darüber hinaus haben Menschen mit Behinderungen kaum eine Möglichkeit, ihrer Armut zu entkommen, da die notwendigen Angebote für medizinische Hilfe und gesellschaftliche Wiedereingliederung fehlen oder unerschwinglich sind. Ein Teufelskreis.

Armut, Unterernährung, Krankheiten und mangelnde Bildung sind Ursachen vieler Behinderungen, die in den reichen Industrieländern kaum ein Problem darstellen. Hinzu kommen Naturkatastrophen wie Erd- und Seebeben, Überschwemmungen, Dürrekatastrophen und Wirbelstürme, aber auch Kriege und Bürgerkriege und ihre mörderischen Hinterlassenschaften wie Streubomben und Landminen.

Krankheiten, die eigentlich heilbar sind oder zumindest behandelt werden könnten, bedrohen in armen Ländern das Leben vieler Menschen oder führen zu dauerhafter Behinderung: Polio, Krebs, Diabetes, AIDS, Tuberkulose, Malaria, Lepra, Trachom, Grauer Star, Scheidenfistel und viele mehr. So sind etwa AIDS-Medikamente für die meisten Patienten unerschwinglich oder es fehlt an orthopädischen Einrichtungen, um »Klumpfüße« bei Babys rechtzeitig zu behandeln. Dabei ist Hilfe oft »nur« eine Frage des Geldes, etwa wenn Kinder in Indien, Kamerun oder Simbabwe, die am Grauen Star erkrankt sind, nach einer Operation, die dort nur 30 Euro kostet, wieder sehen könnten.

Auch in Entwicklungsländern setzen sich zunehmend Verbände und Selbsthilfegruppen für die Verwirklichung der Rechte von Menschen mit Behinderungen ein. Manche arbeiten mit großen internationalen Menschenrechts- und Hilfsorganisationen zusammen. Dabei geht es nicht nur um Gesundheit und Rehabilitation: In armen Ländern ist es besonders wichtig, auch für die Rechte auf Bildung und Arbeit zu kämpfen, damit Menschen mit Behinderungen am politischen, wirtschaftlichen, sozialen und kulturellen Leben teilhaben können. Manchmal gibt es auch Vorteile gegenüber reichen Ländern, wenn zum Beispiel Dorfgemeinschaften und Großfamilien Menschen mit Behinderungen nicht beiseite schieben, sondern solidarisch versorgen und in das Leben der Gemeinschaft mit einschließen. Doch die Erfahrungen sind widersprüchlich.

In Guinea zum Beispiel, einem der ärmsten Länder der Welt, in dem 40 Prozent der sieben Millionen Einwohner unter der absoluten Armutsgrenze leben, ist für Menschen mit Behinderungen wenig Platz. Das einzige Rehabilitationszentrum des Landes ist völlig veraltet und zerstört. Im ganzen Land ist zurzeit nur eine einzige ausgebildete Physiotherapeutin tätig. In weiter entfernten Provinzen gilt Behinderung als Strafe Gottes oder als Folge eines Fluches: Babys mit Behinderungen sind von daher ein schlechtes Omen für die Familie und werden manchmal getötet.

In der offiziellen Entwicklungspolitik spielen Menschen mit Behinderungen noch immer eine viel zu geringe Rolle. Wenn sie gefördert werden, so geschieht dies zumeist in gesonderten Projekten. Menschen mit Behinderungen gehören aber als Teil der Gemeinschaft zur Zielgruppe jeder entwicklungspolitischen Maßnahme, egal ob es sich um die Unterstützung eines Kindergartens oder um den Bau eines Gesundheitszentrums handelt. Deshalb werden in der Konvention der Vereinten Nationen über die Rechte von Menschen mit Behinderungen (siehe S. 69) die Vertragsstaaten aufgerufen, zukünftig Menschen mit Behinderungen in ihre internationalen Entwicklungsprogramme einzubeziehen.

FAKTEN UND ARGUMENTE

DER KRIEG NACH DEM KRIEG

Neben den weltweit durch Armut und Ausbeutung verursachten Behinderungen stehen die Leiden und Versehrungen von Menschen, die Opfer von Kriegen und Bürgerkriegen wurden. Zumeist leben auch sie in Armutsländern wie Angola, Kambodscha, Afghanistan, Laos, Sri Lanka, Guinea und vielen anderen, was ihre Lage noch hoffnungsloser macht. Internationale Organisationen wie Handicap International leisten Hilfe und richten zugleich unser Augenmerk auf die Ursachen der Menschenzerstörung.

Der Einsatz von Streubomben und Minen ist eine besonders brutale, menschenverachtende und feige Form der Kriegsführung, die sich oft noch lange nach einem Krieg verheerend auswirkt. Die Opfer sind Kinder, die versehentlich beim Spielen mit Blindgängern in Berührung kommen, und Bauern, die in bomben- und minenverseuchten Regionen ihre Felder nicht mehr oder nur noch unter Lebensgefahr betreten, geschweige denn bewirtschaften können. Ganze Familien und Dorfgemeinschaften werden ihrer wirtschaftlichen Lebensgrundlagen beraubt und müssen zusätzlich auch noch die Opfer versorgen.

> »Wir werden nicht ruhen, bis alle Minen verboten sind«, lautet das Versprechen der Internationalen Kampagne zum Verbot von Landminen, der auch Handicap International angehört. 1997 wurde sie mit dem Friedensnobelpreis ausgezeichnet.

Minen unterscheiden nicht zwischen Soldaten und Zivilisten, zwischen Männern, Frauen und Kindern. Sie zerfetzen und töten, reißen Beine oder Arme ab. All diese Minen müssen schnell und zuverlässig geräumt werden. Eine einzige Mine zu entschärfen kostet bis zu 1000 US-Dollar – ein Minenopfer lebenslang mit Prothesen zu versorgen, erfordert den fünffachen Betrag.

In den letzten Jahren wurden in bewaffneten Konflikten verstärkt Streubomben eingesetzt: im Libanon, im Irak, im Kosovo, in Afghanistan und anderswo. Auch Nato-Staaten waren daran beteiligt. Streubomben enthalten explosive Submunitionen, die beim Abwurf über ein großes Zielgebiet verstreut werden: lauter kleine »Bömbchen«. Viele von ihnen explodieren nicht sofort beim Auftreffen auf dem Boden, sondern bleiben als gefährliche Blindgänger liegen – bis sie durch irgendeine Erschütterung, einen falschen Schritt z. B. – ausgelöst werden. Das kann noch Jahre nach dem Ende eines Krieges der Fall sein.

In mindestens 32 Ländern sind Wohngebiete, Gärten, Felder, Wiesen, Weiden und Wälder mit Blindgängern verseucht, die jederzeit explodieren können, wenn sich jemand nähert. Etwa 100 000 Opfer haben Streumunitionen bis heute gefordert, 98 Prozent der registrierten Opfer sind Zivilisten: Bauern bei der Feldarbeit, Männer, die zur Arbeit, Frauen, die zum Markt gehen. 27 Prozent der Opfer sind Kinder, die beim Spielen, auf dem Weg zur Schule oder beim Sammeln von Brennholz und Nahrung verletzt oder getötet werden. Auch wenn der Krieg schon lange vorbei ist, werden auf diese Weise täglich neue Behinderungen »produziert«.

FAKTEN UND ARGUMENTE

Zum Beispiel: im Nahen Osten

Israel hat im Libanon 1978, 1982, 1996, 2005 und zuletzt 2006 Streumunition abgeworfen. Schätzungen zufolge wurden allein während des Libanonkrieges 2006 weit über 4 Millionen Streu-Submunitionen mittels Raketen und Artilleriegeschossen verstreut, von Flugzeugen abgeworfene Streubomben nicht eingerechnet.

> Souknah ist zwölf Jahre alt. Ihre Familie musste aus ihrem libanesischen Dorf fliehen, als es bombardiert wurde. Nach ihrer Rückkehr macht Souknah zusammen mit ihrer Cousine Marwa und ihrem Cousin Hassan einen Spaziergang durchs Dorf. In einem zerstörten Viertel entdecken sie einen seltsamen Gegenstand: Submunition. Ahnungslos hebt Marwa die Bombe auf. Hassan, der die Gefahr erkennt, schreit entsetzt auf. Marwa erschrickt und wirft die Bombe weg. Sie explodiert und verletzt Hassan und Souknah schwer. Dorfbewohner bringen die beiden ins nächste Krankenhaus.
> Damit die Metallsplitter aus seinen Beinen, seinem Magen und Oberkörper entfernt werden können, muss Hassan mehrere Operationen über sich ergehen lassen. Souknah müssen in drei Operationen Splitter aus Magen, Leber, Brust und Lunge entfernt werden. Doch die Ärzte können nicht alle Splitter herausschneiden. Daher muss Souknah, sobald sich ihr Zustand verbessert hat, ein weiteres Mal operiert werden.
>
> Quelle: Handicap International

Internationale Nichtregierungsorganisationen wie Handicap International leisten in Zusammenarbeit mit lokalen Partnern vielfältige Hilfe: Sie klären die Bevölkerung vor Ort über die Gefahren, die Lage und das Aussehen von Blindgängern auf und sichern die medizinische und orthopädische Versorgung der Opfer. In Orthopädie- und Prothesenwerkstätten werden vor Ort einheimische Fachkräfte ausgebildet, um Arbeitsplätze zu schaffen und als Hilfe zur Selbsthilfe. Darüber hinaus muss das Land quadratmeterweise von Minen und Streumunition geräumt werden.

Allerdings: Das humanitäre Reparieren, Heilen und Lindern von Kriegsfolgen soll nicht der Entlastung derer dienen, die sie verursacht haben. Die humanitäre Hilfe muss ergänzt und begleitet werden durch den weltweiten Protest und das Engagement aller, dieses Waffenarsenal weltweit und für immer zu ächten, zu verbieten und zu verschrotten, sodass künftige Opfer verhindert werden. Zusammen mit Bündnispartnern setzt sich Handicap International deshalb seit Jahren im Aktionsbündnis Landmine und in der Internationalen Kampagne gegen Streumunition für ein weltweites Verbot von Minen und Streubomben ein. Diese Arbeit war nicht umsonst:

- 1997 wurde der Vertrag von Ottawa über das Verbot von Landminen geschlossen, 1999 trat er in Kraft.
- 2008 verpflichteten sich in Oslo 94 Staaten – darunter 18 von 26 Nato-Staaten –, auf die Produktion und den Einsatz von Streubomben zu verzichten und ihre Bestände zu vernichten.

Der Kampf um die Ratifizierung der Verträge und die Verwirklichung der Vereinbarungen geht weiter. Viele Staaten fehlen noch, darunter Hersteller, Besitzer und Benutzer wie China, Indien, Israel, Pakistan, Russland und die USA.

DIE SITUATION IN BRASILIEN

Brasilien gilt nicht als Entwicklungs-, sondern als Schwellenland. Man kann also darüber streiten, ob es eines der reichsten armen oder eines der ärmsten reichen Länder der Erde ist. Die Größe der brasilianischen Volkswirtschaft, der Reichtum an Bodenschätzen, die Ausdehnung des Landes und der hohe Grad der Industrialisierung stehen im Widerspruch zu dem gewaltigen Ausmaß an Elend und sozialer Ungerechtigkeit.

In kaum einem anderen Land ist der Unterschied zwischen Arm und Reich so groß wie in Brasilien. Nach Ansicht der Vereinten Nationen ist es eines der Länder mit den – in absoluten Zahlen – meisten armen Menschen, 2006 betrug die Armutsrate 21,85 Prozent.

Die schlimmste Not herrscht auf dem Lande, in den Urwaldgebieten und in den Elendsvierteln der Millionenmetropolen. Nur 54 Prozent der Landbevölkerung haben Zugang zu sauberem Trinkwasser. Etwa jeder vierte Einwohner Rio de Janeiros lebt in einer der etwa 400 Favelas – Slums, die gar nicht oder nur unzureichend mit Wasser, Kanalisation und Strom versorgt sind. Die Bewohner errichten aus Brettern, Pappe und Wellblechstücken illegal notdürftige Hütten auf ungenutztem oder nicht nutzbarem Gelände, an steilen Berghängen, in Feuchtgebieten, unter Hochstraßen, an Müllhalden. Die Favelados haben nicht nur mit Arbeitslosigkeit, Armut und ungesunden Lebensbedingungen zu kämpfen, sondern sind auch durch Gewalt, Krankheiten und Mangelernährung bedroht und durch fehlende Bildung benachteiligt.

14 Prozent der Einwohner Brasiliens über 15 Jahren sind Analphabeten. Die Slums sind wie überall auf der Welt ein Nährboden der Gewalt und Kriminalität. Andererseits wird berichtet, dass in manchen Favelas ein besserer sozialer Zusammenhalt herrsche als in den legalen Armen- und Sozialunterkünften.

Das Gesundheitswesen ist wie die ganze Gesellschaft widersprüchlich – und doch eindeutig in Arm und Reich, Villen- und Elendsviertel, »Schwarz« und »Weiß«, Stadt und Land gespalten. Die staatliche Gesundheitsversorgung ist unzureichend, auf 1000 Einwohner kommen rechnerisch gerade mal 1,3 Ärzte und 3,1 Krankenhausbetten. (Zum Vergleich: In Deutschland sind es jeweils mehr als doppelt so viele.) 90 Prozent der Krankenhäuser sind in privater Hand. Auf dem Land gibt es Seuchen wie Cholera und Lepra, Hepatitis und eine zehnmal so hohe Kindersterblichkeit wie im Landesdurchschnitt, in den Städten dagegen eine hohe Rate an AIDS-Kranken. Die häufigsten Krankheiten beruhen auf Armut, Unterernährung und fehlendem Zugang zu sauberem Trinkwasser und Sanitäreinrichtungen. Typische Favela-Krankheiten sind Tuberkulose, Bronchitis, Durchfall- und Wurmerkrankungen.

Trotz aktueller Programme zur Abschaffung der Kinderarbeit gehen 1,4 Millionen Kinder im Alter zwischen 5 und 13 Jahren arbeiten, jeder vierte Jugendliche geht nicht zur Schule. Die große Zahl der Kinder und Jugendlichen, die ohne familiäre Bindung auf der Straße leben, ist ohnehin eines der dringendsten Entwicklungsprobleme weltweit.

In Brasilien gibt es – nach einer Schätzung der Hilfsorganisation terre des hommes – etwa sieben Millionen Straßenkinder. Sie ernähren sich teilweise durch Aushilfsarbeiten wie Schuhputzen und Autowaschen, aber auch durch Betteln, Mundraub, Drogenhandel, Prostitution, Diebstahl, Einbrüche oder Raubüberfälle. Sie schlafen auf dem Bürgersteig, auf Plätzen oder in Hauseingängen.

Der Alltag auf der Straße ist lebensgefährlich: Polizei und Todesschwadronen machten in der Vergangenheit regelrecht Jagd auf Straßenkinder und töteten pro Jahr etwa 400 Kinder und Jugendliche. Immer noch werden Kinder von der Polizei misshandelt und gefoltert, zum Beispiel, um an Drogenbosse heranzukommen. Andere werden Opfer von Überfällen, Mord, gewaltsamen Auseinandersetzungen unter Gangs oder sexueller Ausbeutung. Mädchen wie Jungen bleibt häufig nichts anderes als die Prostitution, um zu überleben.

Seit 2003, mit dem Amtsantritt des Präsidenten Lula da Silva und den neuen Wirtschafts- und Sozialreformen, beginnt sich in Brasilien einiges zum Besseren zu wenden. Die Armutsbekämpfung durch das Sozialhilfeprogramm Bolsa Familia, der Ausbau des Gesundheitswesens und die Alphabetisierung zeigen erste Erfolge.

Für eine angemessene Beschäftigung von Menschen mit Behinderungen setzen sich vor allem die brasilianischen Gewerkschaften ein. Inzwischen gibt es Quoten: Betriebe mit mehr als 500 Beschäftigten müssen vier, Unternehmen mit mehr als 1000 Mitarbeitern fünf Prozent ihrer Arbeitsplätze für Personen mit Behinderungen zur Verfügung stellen. Das gilt auch für den öffentlichen Dienst. So konnten von 2005 bis 2008 durch Kontrollen des Arbeitsministeriums 61 900 Personen mit Behinderungen in den Arbeitsmarkt integriert werden. Bei landesweit 24 Millionen Menschen mit Behinderungen ist das zwar ein Tropfen auf den heißen Stein, aber immerhin ein Anfang.

Brasilien hat die Interamerikanische Konvention über die Beseitigung sämtlicher Formen der Diskriminierung von Personen mit Behinderungen sowie die Konvention 159 der Internationalen Arbeitsorganisation IAO über die berufliche Rehabilitierung und die Beschäftigung von Menschen mit Behinderungen ratifiziert. Das Bildungswerk des Deutschen Gewerkschaftsbundes (www.nord-sued-netz.de) sieht das industrie- und rohstoffreiche Land trotz mancher Hindernisse und Rückschläge in den letzten Jahren auf einem guten Weg in die Zukunft.

Viele Hoffnungen und Erwartungen wurden allerdings enttäuscht. An der ungerechten Verteilung von Land und Einkommen, der Kluft zwischen Arm und Reich hat sich bislang nur wenig geändert. Noch immer gibt es – ein Erbe der einstigen Sklavenhaltergesellschaft – ein »weißes« und ein »schwarzes« Brasilien. Die Diskriminierung der Afrobrasilianer, die etwa 45 Prozent der Bevölkerung ausmachen, ist eklatant und zeigt sich besonders bei den Löhnen. Beschäftigte nichtweißer Hautfarbe verdienen laut Statistik nur halb so viel wie Weiße. Sie haben im Allgemeinen die schlechteren Jobs mit gefährlicheren Arbeitsbedingungen und geringerer Bezahlung.

Ebenso finden in der brasilianischen Armutsgesellschaft Menschen mit Behinderungen nur wenig Beachtung, ganz besonders, wenn sie eine dunkle Hautfarbe haben. Da es kaum staatliche Hilfe gibt, sehen viele in ihnen nur eine zusätzliche Belastung. Sie sind *Escluidos,* Ausgeschlossene und Weggesperrte.

»Behinderte Kinder will niemand haben. Sie liegen in einer Ecke der Behausung und werden gerade so eben am Leben erhalten. Viele Kinder werden so von ehrenamtlichen Helfern gefunden«, heißt es in einem Bericht kirchlicher Sozialarbeiter. Neugeborene mit einer Behinderung gelten in vielen Gegenden des Landes als »Strafe Gottes« oder einfach als »Schande« und werden versteckt, ausgesetzt, getötet oder man lässt sie verhungern.

Die Behindertenarbeit wohltätiger, kirchlicher und privater Initiativen will junge Menschen aus dieser Situation befreien, durch Bildung, Sport, Musik und Tanz ihr Selbstwertgefühl stärken, ihnen zu selbstbestimmten Existenzmöglichkeiten verhelfen und in der Bevölkerung ein Bewusstsein dafür schaffen, dass Menschen mit Behinderungen ein Recht auf Teilhabe an der Gesellschaft (Inklusion) haben.

FAKTEN UND ARGUMENTE

Das Projekt Buscapé

Seit Mitte der 1990er-Jahre unterstützt Handicap International gemeinsam mit der Organisation Vida Brasil arme Familien und Menschen mit Behinderungen in den brasilianischen Großstädten Salvador de Bahia und Fortaleza. Im Rahmen des Projekts *Buscapé* können Kinder und Jugendliche zwischen 8 und 16 Jahren musikalische, tänzerische und handwerkliche Fähigkeiten ausbilden und dabei Werte wie menschliche Vielfalt und Respekt vor der Persönlichkeit des Einzelnen schätzen lernen. Der Erfolg zeigt sich sehr deutlich bei Kindern und Jugendlichen mit Behinderungen, die in extremer Armut leben.

Ein Miteinander scheint anfangs schwer denkbar. Es muss gegen eine Vielzahl von Vorurteilen angekämpft werden, vor allem, weil sich Jugendliche aus sozial schwächeren Milieus oft auch gegenseitig diskriminieren. Eines der Ziele von Buscapé ist die Auseinandersetzung mit den Themen Behinderung, Gleichheit zwischen Mann und Frau, Sexualität oder auch Gewalt.

An die Öffentlichkeit tritt das Projekt vor allem im Karneval, der in Brasilien sehr populär und in seiner Vielfalt und Farbenpracht weltberühmt ist. »Über das ganze Jahr verteilt organisieren wir Workshops mit Tanz, Musik oder auch dem Schneidern von Kostümen«, erklärt Damien Hazard von Vida Brasil. Die Vorbereitung auf den Karneval ist eine gute Methode, die Kinder im Sommer von der Straße zu holen und zu beschäftigen.

Drei Gruppen wurden im Rahmen des Projekts gegründet. Zwei davon sind ganz der Musik gewidmet: Eine Gruppe mit verschiedenen Schlaginstrumenten und eine mit *pandeiros* genannten Tamburin-Trommeln. Die dritte Gruppe kümmert sich um die Herstellung der Musikinstrumente. Die Gruppen werden so gebildet, dass Kinder mit körperlichen oder geistigen Behinderungen und Kinder, die in großer Armut oder auf der Straße leben, einbezogen werden.

In öffentlichen Vorstellungen können die Kinder und Jugendlichen zeigen, was sie in den Workshops gelernt haben, zum Beispiel mit einem Zug der Karnevalsgruppe Buscapé durch den historischen Stadtkern von Salvador.

Viele hundert Menschen begleiteten 2008 die Sambagruppe zum Rhythmus der Trommeln.

In Zukunft will das Projekt seinen Schwerpunkt verstärkt auf die Kinderrechte und auf die Rechte von Menschen mit Behinderungen legen. Unter anderem werden auch Veranstaltungen in Schulen und Ausstellungen mit attraktiven Comic-Zeichnungen stattfinden.

FAKTEN UND ARGUMENTE

DIE ORGANISATION HANDICAP INTERNATIONAL

Seit 1982 setzt sich Handicap International für die Rechte und Bedürfnisse von Menschen mit Behinderungen ein. *Handicap* ist ein französischer Begriff und bedeutet *Behinderung*. Die internationale Organisation unterstützt weltweite Kampagnen, betreibt Lobby- und Öffentlichkeitsarbeit und organisiert praktische Hilfe in armen Ländern, bei Katastrophen und Konflikten.

Die Nichtregierungsorganisation ist unabhängig von religiösen, politischen und wirtschaftlichen Interessen und finanziert sich mindestens zur Hälfte aus Einzelspenden. Kostspielige Projekte wie z. B. Entminungsprogramme werden durch öffentliche Gelder finanziert. Handicap International besteht aus acht Sektionen in verschiedenen Ländern, die alle ein gemeinsames Ziel verfolgen: die Verwirklichung der Menschenrechte auch für Menschen mit Behinderungen.

Auf diesem Weg ist es unerlässlich, der Diskriminierung überall entgegenzutreten und Chancengleichheit für alle sicherzustellen. Handicap International setzt diese Anliegen in rund 240 Projekten in 60 Ländern um und arbeitet dabei stets mit Betroffenen und Partnern vor Ort zusammen. Gemeinsam werden Projekte entwickelt, die die Gemeinschaften auf Dauer selbst umsetzen können, sodass sie möglichst unabhängig von ausländischer Hilfe werden. In Aufklärungskampagnen warnt Handicap International zudem vor Risiken, die zu Behinderungen führen können, z. B. vor krank machenden Umweltschäden oder vor Blindgängern von Streubomben und Minen.

Nach Kriegen und Katastrophen müssen viele Menschen mit Behinderungen zurechtkommen. Sie brauchen medizinische Betreuung, Operationen, Rehabilitationsmaßnahmen, Rollstühle oder Prothesen. In wohlhabenden Gesellschaften steht all das zur Verfügung, doch wo ohnehin Mangel herrscht, ist Hilfe unerlässlich. Handicap International verschafft Menschen mit Behinderungen und ihren mitbetroffenen Angehörigen und Gemeinschaften Zugang zu Hilfe, gibt Erfahrungen weiter, richtet Werkstätten ein und bildet vor Ort Fachleute für die Herstellung von Prothesen und anderen Hilfsmitteln aus.

Menschen mit Behinderungen können grundsätzlich genauso ein selbstbestimmtes Leben führen wie alle anderen auch. Sie können eine Schule besuchen und eine Ausbildung machen, Sport treiben und Hobbys nachgehen, eine Familie gründen, berufstätig sein, reisen und vieles mehr. Dabei stoßen sie jedoch auf viele Hindernisse, weil die Welt weitgehend für Menschen ohne Behinderung eingerichtet ist. Noch größer sind die Hindernisse in einer von Not und Armut gezeichneten, von Krieg oder Naturkatastrophen zerstörten Umgebung. Dort müssen auch Menschen ohne Behinderung kämpfen, um zu überleben und ein würdiges Leben zu führen.

Handicap International setzt sich dafür ein, dass die Menschenrechte für alle in gleicher Weise verwirklicht werden, denn die Menschenrechte sind universell und unteilbar – das bedeutet:

Alle Menschenrechte stehen allen Menschen überall auf der Welt in gleicher Weise zu.

Um an Parlamente und Regierungen Forderungen stellen zu können, müssen viele Menschen Bescheid wissen und hinter diesen Forderungen stehen. Deshalb informiert Handicap International eine breite Öffentlichkeit und zeigt unsere Verantwortung und Einflussmöglichkeiten auf. Die Organisation braucht das Engagement vieler Menschen mit ihren unterschiedlichen Fähigkeiten. Jede und jeder kann sich am eigenen Wohnort mit Handicap International für Menschen mit Behinderung engagieren, etwas gegen Streubomben unternehmen und sich für das Menschenrecht auf ein Leben in Frieden und Sicherheit einsetzen.

WEITERE INFORMATIONEN

Wer mehr wissen will, findet bei den folgenden Adressen Informationen, Diskussionen, Anregungen und Möglichkeiten, sich zu engagieren.

Die Organisation Handicap International
In Deutschland: www.handicap-international.de
Für Jugendliche: www.jugend.handicap-international.de
In Luxemburg: www.handicap-international.lu
In der Schweiz: www.handicap-international.ch

Landminen- und Streubombenkampagnen
www.streubomben.de
www.landmine.de

Weitere Organisationen und Online-Portale
für Menschen mit Behinderungen und ihre Freunde

Deutschland
Aktion Grundgesetz und »Die Gesellschafter«:
　　www.diegesellschafter.de
Aktion Mensch: www.aktion-mensch.de mit Links zu nahezu
　　allen Organisationen der Behindertenhilfe und -selbsthilfe
Kooperation Behinderte im Internet: www.kobinet.de

Forum, ein Online-Magazin für Menschen mit Behinderungen,
   herausgegeben vom Club Behinderter und ihrer Freunde in
   Frankfurt und Umgebung (CeBeeF e.V.): www.cebeef.com
Bundesvereinigung Lebenshilfe für Menschen mit
   geistiger Behinderung: www.lebenshilfe de
Christoffel-Blindenmission: www.christoffel-blindenmission.de
Beauftragte der Bundesregierung für behinderte Menschen:
   www.behindertenbeauftragte.de

Schweiz:

Mobinet – Schweizer Plattform für Menschen
   mit einer Behinderung: www.mobinet.ch
Égalité Handicap – Fachstelle der Konferenz der
   Dachorganisationen der privaten Behindertenhilfe
   und -selbsthilfe: www.egalite-handicap.ch

Österreich:

BIZEPS – Zentrum für selbstbestimmtes Leben:
   www.bizeps.or.at
KOBV – Dachorganisation aller Kriegsopfer- und Behindertenverbände in Österreich: www.kobv.at

TEIL III

Rio Maratona

Eine Geschichte aus Brasilien

Erbarmungslos brennt die Sonne auf ihn und die anderen Läufer hernieder. Dreißig Grad im Schatten. Doch wo ist Schatten am Strand von Ipanema? Schweißgebadet versucht er seinen Rhythmus zu halten.

Rio Maratona. Ein Volksfest wie Karneval. Schon Stunden vorher heizen Sambatrommler und Tanzgruppen die Stimmung an.

Dreißigtausend Läufer und Läuferinnen aus aller Welt sind dabei. Millionen Zuschauer säumen die Strecke. Zweiundvierzig Kilometer an den schönsten Stränden der Welt entlang, vorbei an den Hochhäusern und Sehenswürdigkeiten der Metropole.

Der Erste wird er nicht sein, das stand schon beim Start fest, am frühen Morgen, am Recreio-Strand, als die Schatten der Läufer vor ihm noch sehr lang waren.

Die Narbe juckt und schmerzt. Er weiß, dass er sie wund gescheuert hat. Wund und blutig. Warum tut er das?

Jetzt in der Mittagshitze läuft er neben seinem kürzer gewordenen Schatten. Man könnte auch sagen, um die Wette mit ihm. Im gleichen Rhythmus.

Sein Schatten treibt ihn weiter. Vielleicht schafft er es, der Neunundzwanzigtausendsiebenhundertachtundvierzigste zu werden? Oder der Siebenundzwanzigtausendachthundertsiebenundneunzigste? Monatelang hat er sich auf den Lauf vorbereitet.

Der Siebzehnjährige läuft mit den Veteranen. In der letzten Gruppe. Manche haben schon aufgegeben. Ein Neunundsechzigjähriger wird mit Blaulicht und Sirene ins Krankenhaus gefahren.

Während des Laufes träumt er von einer leichten, federnden Prothese. Aus Kohlefaser, welche die aufgenommene Energie wieder zurückgibt und ihn schneller macht als die unversehrten Zweibeiner.

Bei Kilometer 24 weiß er, dass der Erste bereits das Ziel in Flamengo erreicht hat. Ein Läufer aus Kenia hat gewonnen. Auf einem der Großbildschirme am Straßenrand sieht er, wie der Sieger, von Trommlern und Sambatänzerinnen umgeben, im Fernsehen bejubelt wird.

So weit ist er noch lange nicht. Er muss weiter träumen, Schritt für Schritt, weiter von neuen Kämpfen träumen, weiter von künftigen Siegen. Und davon, dass er eines Tages das Nationaltrikot tragen wird. Bei den Paralympics.

Ipanema. Noch zwölf Kilometer warten auf ihn. Noch ein bis zwei Stunden muss er sich quälen.

Wie in Trance läuft er die Küstenstraße entlang.

Richtung Copacabana. Die Zuschauerreihen haben sich gelichtet. Manche Badehosen und Tangas warten nur darauf, eine Lücke zwischen den Läufern zu finden, die Straße zu queren, hin zu den Liegen und Sonnenschirmen, ans Meer. Die ersten Betrunkenen torkeln auf die Rennstrecke, seit drei Stunden feiern sie schon.

Doch manche Siege dauern etwas länger.

Den Zuckerhut zur Rechten nimmt er kaum wahr. Ebenso wenig wie links auf dem Felsen die gewaltige Christusstatue mit den weit ausgebreiteten Armen. Da muss er durch, hindurch zwischen den beiden Wahrzeichen seiner Stadt.

Irgendwann setzt der Phantomschmerz ein. Am liebsten würde er jetzt ausscheren, sich auf die Mauer der Strandpromenade setzen, die Prothese abnehmen, den brennenden Stumpf reiben. Doch er darf nicht aufgeben. Er braucht das Geld. Der Prothesenfabrikant hat ihn gesponsert, ein Fernsehsender eine Prämie ausgesetzt, die Illustrierte ein Spendenkonto eingerichtet. Eigens für ihn, für sein großes Projekt.

Endlich, nach fünf Stunden und 43 Minuten biegt er mit drei glatzköpfigen Alten in die Zielgerade ein. Er weiß, dass er nicht sonderlich schön läuft. Aber er humpelt sich durch. Er wird es schaffen.

Die Zuschauer sind längst gegangen. Die Tanzgruppen und die Sambatrommler auch. Nur wenige sitzen noch auf der Tribüne. Seine Mutter klatscht, kreischt und jubelt, als er die Ziellinie erreicht. Chegada Maratona.

Wie ein richtiger Sieger reißt er die Arme hoch. Ausgepumpt stürzt er in die Arme von Pater Elias, reißt ihn fast um. Auch seine Schwester Michaela und Tante Samantha haben ihn erwartet. Kameras klicken.

»Bravo! Ich wusste, dass du es schaffst!«, applaudiert Chefreporter Alexander Cardoso, während sich die Kamera auf ein junges Mädchen in einem weißen Kleid richtet. Cilia.

Langsam geht sie auf den keuchenden jungen Mann zu und überreicht ihm eine langstielige Rose.

Und angesichts dieser Bilder meint mancher Fernsehzuschauer in und um Rio de Janeiro, dass dies das Ende sein könnte. Das Happy End der Geschichte von Romeo und Cilia.

Es war Zufall, dass sie sich trafen.

Cilia war bereits wach, als ihre Mutter mit den Fingernägeln an der Tür kratzte.

»Frühstück, Liebste!«

Aus der Küche duftete der Kakao. Nachdem sie noch ein wenig in den Halbschlaf zurückgedämmert war, hatte Cilia etwas sehr Schönes geträumt. Von ihrer Karriere als Model und von Javier, dem Fotografen, der sie unbedingt vor dem Moulin Rouge in Paris fotografieren wollte. Während des Fluges war sie eingeschlummert, ihr Kopf rutschte auf Javiers Schulter. Sie spürte den Hauch seines Atems auf ihrem Haar …

»Steht auf dem Tisch!«, rief ihre Mutter, schon auf der Treppe. »Vergiss das Ei nicht! Wiedersehen!«

Unten im Hausflur knallte die Tür. Motor an. Rückwärtsgang. Bremse. Vorwärtsgang. Die Mutter brauste davon, wie jeden Tag, in die City, in das Büro einer Versicherung.

Im Bademantel setzte sich Cilia an den Küchentisch, nippte am Kakao, schaute missmutig auf das Ei, die Nusscreme, die Butter, den Honig, die Toastscheiben. Würde Mama jemals begreifen, dass sie kein Masthuhn war?

Sie stand auf, goss den Kakao in die Spüle, zog die Küchenschublade auf und drückte eine von Mamas Schlankheitspillen aus der Folie. Sie knabberte am Toast und trank Wasser. Sie war dreizehn und wollte unbedingt jeglichen Auswuchs verhindern.

Das, was sie hatte, war ihr eh schon viel zu viel. Die Kleider, die sie bald schon als internationales Topmodel vorführen würde, sollten sie luftig umschmiegen, ein eleganter Hauch und keinesfalls Verpackungsmaterial für raumgreifende Brüste und Pobacken. Rio war voll von braun gebrannten, sonnenölglänzenden Brüsten, Bäuchen und Pos. Im Karneval wippten, wogten und wabbelten sie im Samba-Rhythmus. Nein, das gefiel ihr überhaupt nicht. Cilia war stolz auf ihre weiße Haut und ihre knabenhaft schlanke Figur. Gut, dass die Wasserspülung funktionierte. Das Frühstücksei entschwand im Klo.

Dass sie ausgerechnet an diesem Vormittag Romeo treffen würde, konnte sie nicht ahnen.

An diesem Morgen, als Romeo Cilia zum ersten Mal sehen sollte, war es nicht die Mutter, die ihn weckte, sondern die Sonne. Immer lichter durchdrang sie seine geschlossenen Augenlider. Blutorange, bananengelb. Bis er es nicht mehr aushielt und den Zementsack, der seine Decke war, beiseite trat. In spätestens einer halben Stunde würde es teuflisch heiß und der Gestank aus den Müllcontainern unerträglich sein. Auch die anderen Jungen und Mädchen räkelten sich der Sonne entgegen. Gemeinsam hatten sie auf alten

Matratzen am Brückenpfeiler geschlafen. Die Luft war frisch und duftete nach Diesel. Über ihren Köpfen donnerten die Laster, rauschten die Autos sechsspurig ins Stadtzentrum.

Auch Romeo hatte einen Traum, der ihn durch den Tag begleitete. Den Lieblingstraum der Jungen. In den Favelas, den Armenvierteln von Rio, träumt ihn fast jeder, der zwei Beine hat.

Auf dem Weg zur Schule Nossa Senhora de Lourdes traf Cilia ihre Freundin. Fast immer war Aurelia etwas eher da. Geduldig wartete sie hinter der Hecke, bis Cilia auftauchte. Dann kreuzten sich ihre Wege.

Aurelia träumte Cilias Träume mit. Vor allem den Lieblingstraum. Als *Personal Trainer* sah sie ihre Hauptaufgabe darin, ihrer Freundin die sportlichen Aktivitäten auszureden. Das Schwimmen mache ein zu breites Kreuz, das Reiten O-Beine, Tennis Muskelarme und dicke Waden. »Ab Freitag sind wir im Dance Club angemeldet.« Tanzen, Tanzen, Tanzen – das sei es!

Auch Romeo hatte seinen *Personal Trainer*. Einen Freund, mit dem er sich blind verstand. Blind im Wortsinn. Manchmal am Strand banden sich Sergio und er die Augen zu und übten. Mal war der eine blind, mal der andere, mal beide. Seit Jahren schon trainierten sie blindes Zuspielen, orientierten sich am Atem, am Luftzug, an den Schritten und kurzen Zurufen. Sie kannten ihre Laufwege, wussten, wohin sie vorlegen mussten, waren zur Stelle, wenn sich einer festdribbelte, übernahmen im fliegenden Wechsel. Romeo und Sergio. Das magische Duo. Wo immer sie waren, kickten sie sich den Ball zu, den Stock, die Guaranadose, den Schwamm, das Kreidestück.

Das magische Duo hatte bereits eine kleine Fangemeinde. Don Cesario, der »Bürgermeister« der Favela, hatte ihnen sogar Fußballschuhe spendiert. Eine Investition in die Zukunft, meinte er. Sportsfreunde halten zusammen! Er war sicher, dass beide es schaffen würden, in den Traditionsverein Flamengo aufgenommen zu werden.

Romeo und Cilia.
Ihr Treffpunkt war das Juweliergeschäft.
Cilia und Aurelia schauten in die Auslagen. Fast alle Preise waren in Dollar angegeben.
»Das würde mir stehen.«
»Das aber auch.«
»Dafür hab ich zu schmale Arme.«

»Ein bisschen zu protzig, oder?«

»In drei, vier Jahren kann ich mir das kaufen.«

»Oder das.«

»Oder das.«

»Oder das.«

In der luxuriösen Einkaufsstraße war der Boden wie geleckt. Polierter Marmor, in dem man sich spiegeln konnte. Vor jedem besseren Laden standen schwarze Sheriffs mit Pistolen. Die Hände hatten sie vor der Gürtelschnalle übereinander gelegt. Doch im Augenblick wirkten sie hilflos. Wie immer um diese Zeit, wenn die umliegenden Schulen ihre Schüler in die Fußgängerzone ausspuckten. Dann tummelten sich für eine Viertelstunde wie überall auf der Welt eislutschende, schnatternde, lachende Schülerinnen und Schüler, tuschelten, kicherten oder schimpften sich den Schulfrust von der Seele. Viele hatten Handys an der Wange, andere die Knöpfe ihrer Music-Player im Ohr.

Romeo war gern hier. Obwohl ihn seine Mutter ermahnt hatte, sich von den Straßen der Reichen fernzuhalten. Eines Tages jedoch würde das auch seine Welt sein, davon war er fest überzeugt.

Mit seinem Nationaltrikot und den Puma-Turnschuhen jedenfalls sah ihm keiner die Herkunft an.

Im Schaufenster spiegelten sich die Gesichter zweier Mädchen.

»Die könnte mir mal einer schenken, die Brillis«, sagte die Schönere der beiden und lachte. Sie war ihm schon vorher als etwas Besonderes aufgefallen, durch ihren federnden Gang. Und eine Haut – als wäre sie noch nie der Sonne ausgesetzt gewesen. Die wird mal eine ganz Kostbare, dachte Romeo. Unerreichbar für einen wie ihn, einen Jungen aus der Favela.

Eines Tages jedoch, da war er ganz sicher, würde er mit seiner Geliebten einmal ein solches Geschäft betreten und ihr den teuersten Ring kaufen. Zur Verlobung. Eines Tages, wenn er in Europa ein Star wäre.

Die Schöne schien seinen Blick bemerkt zu haben, kräuselte die Nase und schaute ihn verwundert an. Verlegen schlug Romeo mit der Hand seinen Ball auf den Boden. Klack, klack, klack.

Der Zeitpunkt ihres Zusammentreffens war exakt 12 Uhr 57. So stand es im Polizeibericht.

Wie die Gangster unbemerkt das Juweliergeschäft betreten und berauben konnten, wurde nie geklärt. Erst als sie den Laden mit der Beute verließen, eröffneten die beiden Wachleute das Feuer. Einige der Banditen schossen zurück. Cilia sagte später, es sei wie ein Feuerwerk gewesen. Ein ständiges Geknatter.

Romeo wusste, dass es Schüsse waren, Kugeln, die ihm um die Ohren pfiffen. Er kannte das. Schüsse waren an der Tagesordnung, wenn die Drogenbosse mit ihren Leibwächtern zur Abrechnung in die Favela kamen. Immer gab es Streit, Geschrei und Geballer. Sobald die Bodyguards ihre Pistolen zogen, warfen sich die Kinder in den Dreck, die Pfützen, den Müll. Bis alles vorüber war. Tausendmal trainiert.

Romeo wusste, was zu tun war. Ohne zu zögern, sprang er zu dem Mädchen, riss es aus der Schusslinie, warf sich mit ihm auf den Boden.

Sekunden später war alles vorbei, waren die Menschen verstummt, in Panik erstarrt. Nur in der Ferne rauschte wie eh und je der Verkehr, brodelte, brummte, knatterte, hupte es.

Romeo und Cilia. Wie ein Liebespaar lagen sie beieinander. Sein Ellenbogen auf ihrem Hals, die Hand in ihrem Haar. Er fühlte das Pochen ihrer Halsschlagader und atmete ihren Duft, der eigentlich keiner war, nur kostbare Seife. Doch dann spürte er die warme Flüssigkeit: Blut, das aus seinem Arm und ihrem Hals quoll.

Ein ohrenbetäubendes Schreien, Kreischen, Heulen und Wimmern setzte ein.

»Aufstehn«, sagte eine Frau und zog ihn von Cilia fort. Erst jetzt, als er sich aufrichtete, durchfuhr ihn der Schmerz. Er sah, wie sein Blut mit ihrem zusammenfloss. Dann zerrte man ihn beiseite.

Sieben lange Minuten später kreischten die Sirenen, quietschten die Bremsen der Polizeiautos und der Ambulanz.

Cilia hatte von alledem nichts mitbekommen. Mit Blaulicht und Sirene wurde sie in das Hospital Souza Aguiar gefahren. Eine der Kugeln hatte sie im Hals getroffen. Wenig später wurde sie in künstlichen Tiefschlaf versetzt und vom Hospital in eine Spezialklinik gefahren. Dort wurde die Kugel entfernt.

Romeos Wunden wurden im staatlichen Hospital versorgt.

»Kein Problem!«, sagte der Arzt nach dem Röntgen. »Das wird schon wieder!« Der Oberarm wurde verbunden, einbandagiert und in eine Schlinge gelegt. Eine Schwester entfernte mit der Pinzette ein paar Glassplitter aus dem Bein. Sie stammten aus der von den Gangstern zerschossenen Leuchtreklame. Einige hatten sich tief ins Fleisch gebohrt. Der Arzt vernähte die Wunden. Die Schwester gab ihm Schmerztabletten, Fahrgeld für den Bus und einen Zettel mit der Adresse einer Arztstation in der Nähe seiner Favela.

Das blutverschmierte Fußballtrikot war entsorgt worden. Als Ersatz wurden ihm eine alte Turnhose und ein Papierhemd spendiert. Zum Glück hatte er die Sportschuhe behalten dürfen. Aber sein Ball war weg.

Romeo schob den Vorhang beiseite. Lange war er nicht mehr hier gewesen. Die Enge und das Geschimpfe der Mutter hatten ihn aus dem dürftigen Zimmer getrieben, das ihre Wohnung war. Seither schlief er bei Freunden, unter den Brücken oder bei Tante Samantha, die in der Nähe der Copacabana als Prostituierte arbeitete.

»Wo der Asphalt aufhört, sind wir zu Hause«, hatte seine Mutter immer zu ihm gesagt, früher, als er noch an ihrer Hand ging. »Da beginnt unsere Favela.«

Es roch nach Reis und Bohnen, ein wenig angebrannt. Wie meistens.

Ein kleines Mädchen kam herbeigelaufen. Schwarze Zöpfchen, eine verrutschte Windel. Luana, Romeos jüngste Nichte.

Draußen hatte es angefangen zu regnen. Durch das ungeputzte Gemäuer konnte er die Blitze sehen. Auch das Loch in der Decke war noch da. Und die Blechdose neben dem Fernseher, in die es hineintropfte, während die Mutter und Michaela, seine halb blinde Schwester, eine ihrer Telenovelas sahen.

Nur kurz schaute die Mutter auf. »Du kannst dir was aus dem Topf nehmen«, sagte sie, ohne ihn weiter zu beachten.

Romeo zog eine Plastiktüte unter der Matratze hervor und nahm ein T-Shirt heraus. *Jesus liebt dich* stand darauf. Er hatte es von der Missionsstation bekommen. Immer noch besser als das Papierhemd vom Hospital.

Würde er überhaupt noch spielen können? Wegen der Knochenverletzung hatte ihm der Arzt Schonung verordnet. Doch das war schnell vergessen. Noch wirkten die Spritzen, die man ihm verpasst hatte. Noch fühlte er sich stark. Und es ging ja schließlich um mehr als nur ein Spiel.

Jedes Jahr kamen die Jugendtrainer der großen Vereine in die Favelas und testeten den Nachwuchs.

Viertausend Jungen erhielten die Chance vorzuspielen. Nur eine Handvoll schaffte es, sich ein Vereinstrikot zu erkämpfen.

Genau zu denen aber wollte Romeo gehören. So eine Gelegenheit gab es nur einmal. Raus aus dem Elend, raus aus den Slums, reich werden und den Rasen küssen – im Maracana-Stadion. Zusammen mit Sergio hatte er sich bereits bis in die vierte Finalrunde vorgekämpft. So kurz vor dem Ziel durfte er nicht aufgeben. Neunzig Minuten lang würden Michaela und seine Mutter an diesem Tag für ihn beten. Zur Madonna, zur Nossa Senhora, die über dem Fernseher hing. Er musste es einfach riskieren. Trotz der Verletzung.

Cilia lag auf der Intensivstation, als das Fernsehen eine Sondersendung zum Raubüberfall an der Bushaltestelle ausstrahlte. Noch immer lag sie im Tiefschlaf. Der Nachrichtensprecher sprach von zwei schwer verletzten jungen Menschen und einer Toten.

Die Kamera zoomte auf Blutflecken, schwenkte auf ein völlig zerstörtes Gesicht.

Aurelia. Eine Kugel hatte sie im Kopf getroffen.

Am nächsten Morgen war Aurelias Foto in allen

Zeitungen. Aber auch ein Bild von Cilia und Romeo. Cilias bleicher Kopf neben einer Blutlache, ihre Augen weit geöffnet. Romeo daneben, im blutverschmierten Nationaltrikot.

Wie ein Liebespaar.

Ein brauner Arm über einem weißen Hals.

Ein und dieselbe Kugel, erklärte der Polizeisprecher, sei am Balkon des Nachbarhauses abgeprallt und habe den Jungen in dem Moment erreicht, als er das Mädchen zu Boden riss. Die Kugel habe Haut, Fleisch und Muskel des Jungen durchdrungen, seinen Oberarmknochen gestreift und den Hals des Mädchens getroffen, wo sie in der Nähe des sechsten und siebenten Halswirbels stecken blieb. Zweifellos habe der unbekannte Junge dem Mädchen das Leben gerettet.

Als Cilia am nächsten Mittag erwachte, waren ihr Kopf und ihr Hals einbandagiert. Ihre Mutter beugte sich über sie.

Cilia wollte den Kopf zu ihr hindrehen. Aber es ging nicht.

»Du musst jetzt ganz ruhig sein, nichts reden, nur ganz still liegen.«

Auch das Gesicht ihres Vaters war plötzlich über ihr.

»Ist denn schon Sonntag?«, fragte Cilia verwundert. »Musst du nicht ins Büro?«

»Ich habe frei genommen.« Ihr Vater küsste sie auf die Stirn.

Die Lider fielen ihr zu. Sie sackte weg.

»Glück im Unglück«, kommentierte der Oberarzt und zeigte den Eltern die Röntgenbilder. »Der Arm des Jungen war ihre Rettung.«

Romeo lag auf der Matratze, als der fremde Mann den Vorhang im Türloch beiseiteschob. Draußen goss es in Strömen.

»Scheißwetter!«, schimpfte der Mann und zeigte seine Visitenkarte wie einen Ausweis vor. *Rio Illustrado, Alexander Cardoso, Chefreporter* stand darauf.

Mühsam richtete Romeo sich auf. Schweißperlen standen auf seiner Stirn. Seit dem Morgengrauen döste er nur noch vor sich hin. Wie spät mochte es sein? Neben ihm lag seine Schwester. Ihre blinden Augen waren verdreht und glänzten. Bestimmt hatte sie wieder Kleister geschnüffelt. Onkel Luis schnarchte im Sessel. Luana spielte mit ihrer Puppe.

Die Wunde pochte. Der Schmerz kam in Wellen. Seine Mutter war unterwegs, auf der Suche nach einem Medizinmann, der die richtigen Kräuter kannte.

Ja sicher, es war verrückt gewesen zu spielen, mit dem bandagierten Arm und einem Magen voller Schmerztabletten. Kein Wunder, dass er gleich bei einem der ersten Zweikämpfe die Balance verlor und stürzte. Auf den Stampfbeton, den sie Fußballplatz nannten. Eine der Wunden riss auf, Blut quoll aus seiner Wade. Ein Pfiff. Und ausgeträumt. Der Schiedsrichter winkte ihn hinaus.

War das vor zwei oder drei Tagen? In seinem fiebrigen Kopf kreiste eine endlose Litanei, das Gejammer der Mutter: »Mit welchem Wasser haben sie die Wunde gewaschen? Nicht aus der Leitung. Mein Gott, wie oft habe ich das gesagt! Heilige Mutter Maria, bestimmt haben sie das schlechte Wasser genommen.«

Schluss. Aus. Ende. Nur zehn Minuten hatte er auf dem Platz gestanden. Vorbei die Karriere, verspielt die Chance. Eigentlich wollte er nie wieder aufstehen. Es hatte ja sowieso keinen Sinn mehr. Schwer wie Blei fühlte er sich.

Cardoso übersah das und machte es dringend. Ganz große Sache! Sein Chef habe drei Seiten reserviert für eine Reportage. *Lebensretter aus der Favela* solle sie heißen. *Romeo und Cilia. Der Arm des Armen.* Oder so ähnlich. Ganz Brasilien würde ihn danach als Helden feiern.

Romeo wollte abwinken, doch Cardoso hatte die besseren Argumente. Zwanzig Dollar könne er ihm bieten. Und noch mal vierzig Dollar für ein Foto, am besten in der Klinik. Zusammen mit dem Mädchen, dass er gerettet habe.

Zum Teufel. Sechzig Dollar überzeugten ihn. Romeo vergaß das Fieber, erhob sich, steckte den Arm in die Schlinge und humpelte hinter dem Reporter her.

Mit dem Taxi rasten sie in eines der Villenviertel, in das er sich allein niemals hineingetraut hätte. Die Siedlungen der Oberschicht wurden von Polizei und schwer bewaffneten Wachleuten hermetisch abgeriegelt. Nur aus Fernsehserien kannte er solche luxuriösen Kliniken.

Als er den Besuchsraum der São-Pedro-Klinik betrat, saß Cilia bereits in einem Rollstuhl. Ihr Hals steckte in einem weißen Verband, der Kopf war mit chromglänzenden Schienen fixiert. Ihre Haut wirkte jetzt noch weißer als zuvor. Und dazu der schwarze Glanz ihrer Augen: wie die Jungfrau Maria, dachte Romeo.

Cilia schaute ihn nicht an. Nur Padre Roberto, ihrem Lehrer, zuliebe hatte sie sich in das Besuchszimmer schieben lassen.

»Ich will ihn nicht sehen. Niemals. Nie!«, hatte sie kurz zuvor noch gesagt.

Doch der Pater hatte nicht lockergelassen. »Du musst. Der Junge hat dir das Leben gerettet!«

»Was für ein Leben? Im Rollstuhl? Lieber wäre ich tot. Und bei Aurelia. Ich hasse ihn.«

Alexander Cardoso postierte Romeo hinter Cilias Rollstuhl. Doch dem Fotografen gefiel das überhaupt nicht. »So geht das nicht!« Er solle – por favor – in die Hocke gehen, gleiche Augenhöhe mit Cilia, und das Licht müsse – bitteschön – auf seinen verbundenen Arm fallen. »Gut, und jetzt bitte lächeln, beide, bitte, cheese!«

Käse. Ihr erstes Fotoshooting hatte sich Cilia eigentlich anders vorgestellt. Jetzt will sich dieser Romeo auch noch als Lebensretter aufspielen, grollte sie. Und ich sitze im Rollstuhl. Bis ans Ende meiner Tage. Danke, prima. Warum kann man mich nicht in Ruhe lassen? Verzweifelt kämpfte sie gegen aufkommende Tränen an. Doch dann zeigte sie für Sekunden die Zähne. Wie ein Profi. Tapfer. Als würde sie lächeln. Sofort klickten die Kameras.

»Danke, das genügt«, sagte Cardoso.

Romeo erhob sich und schaute zu Cilia hinüber. Sie schlug die Augen auf und warf ihm einen bitterbösen Blick zu. Als wollte sie ihn vernichten. Romeo verstand die Welt nicht mehr. Mit einem Mal hörte er sich etwas völlig Unsinniges sagen: »Entschuldigung.«

Idiot, Idiot, warum sagte er das? Entschuldigung. Dafür, dass er sie retten wollte? Weil es womöglich ein Frevel war, sie anzufassen, weil seine Haut etwas dunkler war als ihre? Oder was?

Romeo taumelte aus dem Raum und schlug die Tür hinter sich zu. Nur raus hier, weg! Weg von dieser weißen Zicke! Er hastete durch den Korridor, an dessen Ende ein Licht schimmerte. In diesem Moment explodierte der Schmerz. An einem Tisch suchte er Halt und stürzte zu Boden.

Miststück!

»Du hast Glück gehabt, in einem so noblen Krankenhaus zu stürzen. Wirklich sehr clever! Das São Pedro ist das beste. Tausendmal besser als unsere Bruchbude!«

Ein heftiger Tropenschauer peitschte die Palmen vor dem Fenster. Die Luft war feucht und stickig, roch nach Kaffee, Desinfektionsmitteln, Schweiß und Urin. Zu zwölft lagen sie im Krankenzimmer des staatlichen Spitals.

Der Ventilator ächzte und seufzte, als wäre er der dreizehnte Patient. Irgendwann fällt er von der Decke und stürzt auf eine der Schwestern, dachte Romeo. Hoffentlich nicht auf Sonja. Die mochte er nämlich. Sehr.

Wenn es nicht mehr auszuhalten war, tupfte sie ihm die Schläfen, gab ihm einen Gummiball zum Beißen und ein Schmerzmittel in den Tropf. Sonja war ein Engel. In ihren Augen spiegelte sich sein Schmerz. Sie litt mit ihm. Für ein Weilchen ging es dann wieder. Bis ihn eine neue Schmerzwelle erreichte. In der Wunde stach und hämmerte es. Auch in dem Bein, das nicht mehr da war.

Als der Verband gewechselt wurde, hatte er es gesehen. Nichts außer einem hässlichen, von Schorf, Drucknarben und Blutergüssen entstellten Hautstummel war unter dem Knie noch übrig.

»Prächtig! Wie aus dem Lehrbuch!«, sagte der Stationsarzt. »Die Kollegen vom São Pedro haben saubere Arbeit geleistet.«

Sonja deckte ihn wieder zu. »In unserer Bruchbude hätten sie dir nämlich das Knie auch gleich mit abgesäbelt!«, raunte sie, sobald der Arzt den Raum verlassen hatte. »Also sei dankbar und freu dich, du Glückspilz!«

Romeo war nicht nach Freude zumute. Seit er hier lag, hatte er nur noch einen Wunsch: sich das Leben zu nehmen. Sein ganzes Denken kreiste darum, eine Gelegenheit zum finalen Absprung zu finden. Davon träumte er.

Warum nur war er mit dem Reporter in das São Pedro gegangen? Bestimmt wäre es besser gewesen, an der Blutvergiftung zu sterben.

Wenn Romeo ans Weiterleben dachte, ging es ihm noch schlechter, sah er alles nur noch schwarz. Sah sich als *Escluido*, wie man in seinem Land die Behinderten nannte. Als Ausgestoßenen oder Weggesperrten. Ohne Hoffnung, ohne Zukunft.

Zu oft schon hatte er davon gehört, dass kleine Kinder, die mit einer Behinderung auf die Welt kamen, als Unglück oder Strafe Gottes angesehen wurden. Nicht nur die Indios am Amazonas töteten solche Säuglinge, weil sie unnütze Esser wären, das Elend nur noch elender machten. In manchen Favelas wurden sie wie eine Schande versteckt, bisweilen sogar an der Autobahn ausgesetzt oder im Urwald vergessen.

Andererseits wurde ja auch viel über barmherzige Padres oder sanftäugige Nonnen berichtet, Heilige, die zu den Lepra- und Cholerakranken gingen und sich um Behinderte oder Straßenkinder kümmerten. Aber die Regel war das nicht.

Sergio war der Erste, der ihn besuchte. Er saß ein wenig verlegen vor dem Bett seines Freundes. Nachdem er den Stumpf gesehen hatte, scheute er sich, von seinem Erfolg zu berichten. Doch dann sprudelte es aus ihm hervor, dass er es geschafft und einen Vertrag bekommen hatte. Bestimmt würde er bald viel Geld machen und spätestens mit achtzehn wolle er in Europa spielen. »Und dann nehme ich dich mit, als Manager oder so …«

In der folgenden Nacht träumte Romeo, dass sein Bein ohne ihn auf dem Fußballplatz spielte, dass sein Bein ganz allein wieselflink übers Feld stürmte, dass sein einsames Bein die Gegner umdribbelte, ein Tor schoss, bejubelt und beklatscht wurde.

»Goooooooaaaaaaaalll!«

Er spürte, wie es sein Bein zerriss.

»Ruhig, Kleiner, ganz ruhig!« Josepha, die Nachtschwester, wischte ihm den Schweiß von der Stirn. »Das ist nur der Phantomschmerz.«

»Wo ist mein Bein?«, fragte er. »Habt ihr es begraben? Auf den Müll geworfen? Oder die Hunde damit gefüttert?«

Eines Tages stand der Chefreporter an seinem Bett. Alexander Cardoso hatte den Illustriertenartikel mitgebracht. Doch erst einmal setzte er Romeo in einen Rollstuhl und schob ihn auf die Veranda.

»Die Story geht weiter. *Romeo und Cilia. Cilia und Romeo.* Ganz Rio leidet mit euch! Die Leser beten für euch! Jetzt bist du ein Held!«

Romeo überflog den Artikel. Schon bei den ersten Sätzen runzelte er die Stirn. »*Verliebt*?! Das stimmt doch nicht! Ich war überhaupt nicht verliebt!«

»Hätte doch aber sein können!« Der Chefreporter meinte, dass seine Leser das so haben wollten. Das erhöhe den Reiz der Geschichte.

Doch Romeo war schon beim nächsten Absatz. »Außerdem war sie mir überhaupt nicht dankbar. Das Miststück verachtet mich. Allein schon wegen der Haut!«

»Unsinn!« Cardoso verteidigte Cilia. Damals im Krankenhaus habe sie unter Schock gestanden und gefürchtet, für immer querschnittsgelähmt, an den Rollstuhl gefesselt zu sein.

Romeo zuckte die Achseln. Es fiel ihm schwer, irgendwelche Gefühle für Cilia aufzubringen, womöglich sogar Mitleid. Der Preis, den er für ihre Rettung gezahlt hatte, war zu hoch. In seinen Augen war sie ein verwöhntes weißes Mädchen. Mehr nicht.

»*Geopfert?!* Nie und nimmer hätte ich mein Bein für sie geopfert. Pahh! Nicht mal ein Ohrläppchen für so eine dumme Zicke!«

Absatz für Absatz ärgerte er sich durch den Artikel. »Außerdem war es einzig und allein meine eigene Dummheit, dass ich zum Spiel gegangen bin. Und Schuld war das verseuchte Wasser, das aus der Leitung kam! *Das* hätten Sie schreiben sollen!«

Cardoso lächelte. »Was willst du? Du bist der Held von Rio.« So sei eben der moderne Journalismus, verteidigte er sich. Im Grunde habe er nur die Wahrheit ein wenig ausgeschmückt, um die Herzen und die Geldbeutel der Leser zu öffnen. Seine Zeitschrift habe nämlich ein Spendenkonto eröffnet. Kennwort Cilia. Das käme am Ende auch ihm zugute. »Fortsetzung folgt! Meine Leser und ich holen dich raus aus dieser Spelunke!«

Viele hatten den Illustriertenartikel gelesen. Auch Don Cesario, der »Bürgermeister«. Er hatte sich bereits Gedanken über Romeos Zukunft gemacht. »Favelados halten zusammen!«, hieß das Motto, mit dem er die Wahl gewonnen hatte. Und daran hielt er sich. Er spendete viel für die Kirche und wurde als Wohltäter der Waisenkinder gefeiert.

Natürlich war er nicht selbst gekommen, das wäre zu gefährlich gewesen. Außerhalb der Favela fühlte er sich nicht sonderlich sicher. Horatio, einer seiner Leibwächter, überbrachte die Genesungswünsche sowie eine Schachtel Pralinen. Horatio hatte vorsichtshalber eine Maschinenpistole dabei. Ständig wanderte sein Blick zwischen der Tür und den Fenstern hin und her. Beim Abschied bot er Romeo einen Job in Don Cesarios Büro an. Er könne Botengänge machen, Ware ausliefern, auf die schönen Mädchen aufpassen, Informationen sammeln. Es gebe immer etwas zu tun.

Romeo wusste, was das bedeutete: Schmiere stehen, den Spitzel machen, Kokaintütchen verkaufen. Um dann eines Tages von der Polizei erschossen werden. Er sagte, er wolle es sich überlegen.

Auch seine Schwester fand das Angebot zu gefährlich. Sie meinte, ihr Bruderschatz solle lieber betteln gehen. Oder Lotterielose verkaufen. Mit dem Stummelbein und seinem hübschen Gesicht würde er bestimmt großes Mitleid erregen. Den Illustriertenartikel *Der Arm des Armen* könnte er in Folie einschweißen und neben die Bettelbüchse legen.

Romeo starrte sie entsetzt an. Vielleicht war sie ja gar nicht richtig blind. Schon immer war es sein Wunsch gewesen, einen Augenarzt zu finden, der Michaela operieren würde. Als Fußballstar hätte er das bestimmt geschafft.

Als die Narbe verheilt war, konnte Romeo das staatliche Hospital verlassen. Auf Krücken.

Der Chefreporter holte ihn ab. »Ich habe dir eine Super-Rehabilitation besorgt. Die beste in ganz Brasilien. Da wird man dir ein künstliches Bein anpassen und dir Schritt für Schritt beibringen, wie man damit umgeht.«

Die neue Klinik war noch luxuriöser als das São Pedro. Voll klimatisiert, blitzblank geputzt, angenehm duftend. Romeo bekam ein Einzelzimmer mit eigenem Bad. So ähnlich muss es im Paradies sein, dachte er. Oder in den Luxushotels an der Copacabana. Aus dem Fenster sah er auf einen Park mit Palmen und einem Swimmingpool, umlagert von Kindern mit Krücken oder Rollstühlen. Die meisten waren Opfer von Verkehrsunfällen. Vor allem aber hatten sie eine sehr viel hellere Hautfarbe als er.

»Ist Cilia auch hier?«

»Nicht mehr.« Sie sei zu einer Thermalkur gefahren. Danach werde sie für drei Monate mit ihren Eltern nach Europa fliegen, in die Schweiz. »Alles bezahlt von unserem Spendenkonto!« Cardoso strahlte. Am Genfer See gebe es eine Spezialklinik, geleitet von einem berühmten Orthopäden. Eine absolute Kapazität. Prominente Sportler ließen sich von ihm kurieren. Romero, Ronaldo, Beckham. Der Doktor habe die teuersten und modernsten Geräte, eine ausgeklügelte Krankengymnastik- und Massageabteilung.

Am nächsten Vormittag kam der Prothesenbauer und fertigte einen Abdruck von Romeos Beinstumpf an. Doch es dauerte fast eine Woche, bis das künstliche Bein fertig war.

Die erste Anprobe war ein feierlicher Moment. Erwartungsvoll standen der Arzt, die Schwestern und die Techniker an seinem Bett und schauten zu. Der Prothesenbauer zog eine Socke über den Stumpf unterhalb des Knies und schob ihn vorsichtig in eine mit Schaumstoff gepolsterte Halterung. Die wurde in die neue Prothese geschoben und über dem Knie mit einem Riemen festgezogen. Danach musste er sich aufstellen. Romeo lächelte, als hätte er ein Geschenk bekommen. Den Schmerz ließ er sich nicht anmerken. Der Techniker überprüfte den richtigen Sitz.

Das künstliche Bein war unbequem. Romeo hielt sich am Bettgeländer fest. Drei kurze zaghafte Schritte wagte er. Es tat höllisch weh. Doch er wollte es wissen.

Romeo presste erneut die Lippen zusammen und griff zu den Krücken. Er humpelte aus der Tür und versuchte, das Ende des Ganges zu erreichen. Es schien in endloser Ferne zu liegen. Zwei-, dreimal quälte er sich keuchend hin und zurück. Danach fiel er schweißgebadet aufs Bett, als habe er neunzig Minuten plus Verlängerung durchgespielt. Am Nachmittag versuchte er es noch einmal.

Als er die Prothese abschnallte, sah er die Bescherung: Blasen auf dem Beinstumpf.

Er sei zu viel gelaufen, sagte die Schwester. So was sei ganz normal am Anfang. Und sogar gut. An den Wunden könne der Techniker nämlich sehen, wo noch nachgebessert werden müsse. Mit dem Üben solle er jetzt allerdings erst mal warten, bis die Stellen abgeheilt seien.

Mehrmals musste die Prothese neu angepasst werden, bis sie nahezu schmerzfrei saß. Der Techniker nannte es Millimeterarbeit.

Romeo nutzte alle Möglichkeiten, die in der Klinik geboten wurden: Massagen, Bäder, Gymnastik, Elektrostimulation, Gehschule. Die Hauptarbeit aber leistete er selbst. Täglich trainierte er am Gehbarren, später mit Krücken und schließlich nahm er den Schmerz in Kauf und schaffte es freihändig. Schritt für Schritt für Schritt.

Als er die Klinik verließ, wartete niemand auf ihn. Er nahm den Bus, fand seine Mutter und Michaela vor dem Fernseher und angebrannte Essensreste im Topf.

Die nächsten Tage verbrachte er damit, auf den Schuttbergen nach Wellblech und anderen Baumaterialien zu suchen, mit denen er das Dach reparieren wollte.

Als der große Regen kam, hatte er es geschafft. Danach gab es für ihn nichts mehr zu tun. Romeo zog sich das Leintuch über die Ohren und blieb tagelang auf der Matratze liegen. Im Aufstehen sah er keinen Sinn mehr. Jetzt hatte er zwar eine hervorragende Prothese, aber keine Hoffnung. Er redete sich ein, dass er vergessen war. Der Chefreporter ließ schon lange nichts mehr von sich hören. Und Sergio war wohl mit seinem Fußballtraining überlastet. Romeo fiel in ein schwarzes Loch, schnüffelte immer öfter an der Kleisterdose seiner Schwester. Seine Prothese lag in der Ecke.

Romeos Tante Samantha gefiel das überhaupt nicht. Sie machte dem Nichtstun ein Ende und nahm ihn bei sich auf. Ein zerschlissenes altes Sofa im Abstellraum ihres Appartements wurde seine neue Heimat. Und einen Job bekam er auch gleich dazu. Romeo passte auf, dass seiner Tante und den anderen schönen Mädchen nichts geschah, er notierte die Autonummern ihrer Liebhaber oder achtete darauf, dass die Mädchen wohlbehalten aus den Hotels zurückkamen. Manchmal verdiente er sich zusätzlich ein paar Real mit Aushilfsarbeiten an den Strandkiosken, verteilte Handzettel und Anzeigenblätter.

Plötzlich meldete sich das Miststück. Eine Karte aus der Schweiz. Die Karte zeigte Ansichten von Genf, dem See, einem Park und einer Fontäne. Ganz in der Nähe liege die Klinik. Sie sei sehr glücklich. Sie habe wieder Gefühl in den Beinen und brauche bald keinen Rollstuhl mehr. Herzliche Grüße. Cilia.

Herzlich?

Manchmal saß Romeo auf der Mauer an der Strandpromenade und schaute den Schönen nach. Hin und wieder erntete er einen lockenden Blick.

Doch er wusste, dass sich das Lächeln sofort in Mitleid verwandeln würde, sobald er aufstünde und das Mädchen ihn humpeln sähe.

Eines Tages begann er, seiner Traurigkeit davonzulaufen. Einsame, mühsame und bisweilen qualvolle Läufe. Läufe, die ihn Schritt für Schritt stärker machten.

Mit jedem Tag wurde seine Laufstrecke länger.

Er lief weit, vorbei an den Hotels der Touristen und den Villen der Reichen, bis dahin, wo der Strand immer steiniger und schmutziger wurde, wo Schlick und Dreck sich sammelten. Dort entdeckte er eine kunterbunt angemalte Baracke und dahinter einen Sportplatz. Eine kirchliche Hilfsorganisation hatte ihn vor den Müllbergen aus dem Boden gestampft. Es handelte sich um ein Spendenprojekt für die »Kinder der Straße«.

Romeo machte eine Pause, schnallte die Prothese ab, rieb den Stumpf und schaute den Kindern zu. Als der Ball auf ihn zurollte, hielt er ihn fest. Zum ersten Mal nach langer Zeit hatte er wieder einen Ball in den Händen.

Sofort stand eine Traube von Kindern um ihn und forderte den Ball zurück.

»Nur wenn ich mitspielen darf!«

Wenig später stand Romeo als »Humpelmann« im Tor. Nicht nur die Kinder staunten, wie beweglich er war und was er trotz der Prothese konnte, auch er selbst war verblüfft. Freilich ließ er sich nicht anmerken, welche teuflischen Schmerzen er hatte, wenn er sein Gewicht auf das Prothesenbein verlagerte, um mit dem anderen den Ball zu treten. Seinen Mitspielern zeigte er nur seine höllische Freude.

Tatsächlich: Mit den kleinen Knirpsen konnte er mithalten. Selbstverständlich spielte er vorsichtig und vermied jede Rempelei.

Die Kinder bestaunten ihn wie das achte Weltwunder. Alle wollten den Beinstumpf sehen und am liebsten auch anfassen, wenn er die Prothese abschnallte. Und manche begleiteten ihn zum Schwimmen ins Meer.

Nahezu täglich lief er zu den Straßenkindern hinaus. Er begann sie zu trainieren, scheuchte sie über den Platz, erklärte die Regeln, gab ihnen Tipps und zeigte seine Tricks. Den Padres, die das Projekt betreuten, gefiel das. Bald schon nannten sie Romeo ihren Mitarbeiter und spendierten ihm regelmäßig ein warmes Essen.

Mit der Zeit trauten sich immer mehr *Escluidos* auf den Platz und wollten mitspielen. Vor allem Arm-

und Beinamputierte waren dabei, wie der armlose Diego. Oder Ermano, der »Dreibeiner«, der keine Prothese besaß und meisterhaft mit zwei Krücken spielte.

Meistens spielten sie fünf gegen fünf. Damit es mehr Spaß machte, bemühte sich Romeo, möglichst gleich starke Mannschaften zusammenzustellen. Manchmal war das gar nicht so einfach. Da war zum Beispiel Lucio. Der wollte immer nur zusammen mit seiner kleinen Schwester Lola aufgestellt werden. Lucio war ein begeisterter Torwart. Sein Vorbild war Oliver Kahn aus Deutschland. Mit Feuereifer setzte er sich für seine Mannschaft ein und wagte spektakuläre Flugparaden. Nur leider war er wegen seines Downsyndroms etwas langsam. Deshalb war es gut, dass seine wieselflinke Schwester dabei war und ein wenig aushalf, wenn er nicht rasch genug in Trab kam oder allzu sehr in Zeitlupe spielte. Oft stand sie auch hinter ihm auf der Linie, um notfalls den Ball im letzten Moment noch wegzuputzen. Dann jubelten beide und umarmten sich wie die Champions.

Am 18. Februar kamen drei Rollstuhlfahrer angerollt und schauten zu. Als das Spiel zu Ende war, überließ Romeo ihnen den Ball. Wenig später warfen sich die Rollies über die Köpfe der Kleinen hinweg den Ball zu, und die Kinder versuchten, ihn abzufangen. Der Spaß, den sie dabei hatten, brachte Romeo auf eine Idee, die ihn fortan nicht mehr losließ. Unbedingt musste er deswegen mit Chefreporter Cardoso sprechen.

Als sich Cilia und Romeo einige Monate später noch einmal trafen, hatte Romeo lange Hosen angezogen, um die Prothese zu verstecken. Cilia trug ein schulterfreies weißes Kleid und stützte sich auf Krücken.

Es war am Jahrestag von Aurelias Tod. Viele Mitschüler und Lehrer waren gekommen. 12 Uhr 57. Gemeinsam legten sie vor dem Juweliergeschäft, an der Stelle, an der Aurelia verblutet war, Blumen nieder und zündeten Kerzen an. Nach einer Schweigeminute sprach Pater Roberto ein Gebet.

Alexander Cardoso hatte die Presse und ein Fernsehteam mobilisiert. Nach der Gedenkfeier erzählte Cilia einem Reporter von ihrem Glück, wieder gehen zu können, und dankte allen Menschen, die ihr die Behandlung in der Schweiz ermöglicht hatten. Dann aber, zum ersten Mal, lächelte sie zu Romeo hinüber und nannte ihn ihren Lebensretter.

Romeo lächelte zurück. Schön, dass sie nicht mehr so mager ist, dachte er.

Gemeinsam fuhren sie mit den Journalisten zum Sportplatz der Padres an der Müllhalde. Romeo verschwand in der Baracke und kam in einem nagelneuen Fußballtrikot von Hertha BSC Berlin zurück, das ihm Sergio aus Deutschland geschickt hatte. Vor laufender Kamera zeigte er einige seiner Kunststücke. Romeo hielt den Ball mit Fuß, Kopf, Brust, Oberschenkel, Knie, Hacken und Prothese so lange über dem Boden, wie Chefreporter Cardoso von dem neuen Projekt seiner Illustrierten erzählte: »Bahia de la Luz! Ein Sportzentrum für Straßenkinder mit Behinderungen. Spenden bitte auf Konto 38873, Kennwort Cilia.«

Für den Anfang wolle man Rollstuhl-Basketball, Badminton, Volleyball und Leichtathletik anbieten, erläuterte Pater Elias vom Stiftungsrat. »Für nähere Auskünfte steht Ihnen gern unser künftiger Sportdirektor zu Verfügung!«

Dabei zeigte er auf Romeo.

»Ja, und jetzt die Hauptsache!«, setzte Alexander Cardoso fort. »Beim großen Lauf von Rio wird Direktor Romeo dabei sein und mit seiner Superprothese die Marathonstrecke laufen. Für alle Spender und für alle *Escluidos*! Mit anderen Worten: Fortsetzung folgt!«

DER AUTOR

Michail Krausnick wurde 1943 in Berlin geboren und ist in Hannover aufgewachsen. Nach seinem Studium der Literaturwissenschaft und Soziologie promovierte er zum Dr. phil. Heute lebt und arbeitet er als freier Autor in der Nähe von Heidelberg. Er schreibt Satiren, Science Fiction, Hörspiele, Film- und Fernsehdrehbücher, Theaterstücke, historische und politische Sachbücher, Biografien, Romane, Gedichte und Kurzgeschichten. Er ist Mitglied des Verbands deutscher Schriftsteller und des P.E.N.-Clubs und wurde für seine Werke mit mehreren Literatur- und Filmpreisen ausgezeichnet.